ダイレクト・リクルーティング

新しい採用の常識

高山奨史・新倉竜也
（株式会社HR Force）

同文舘出版

はじめに

昨今の日本は、「1億総人手不足時代」と呼ぶにふさわしい、未曾有の人材採用難時代に突入しています。労働人口（生産年齢人口15～64歳）が大幅に減少するトレンドの中、バブル期並みの有効求人倍率、跳ね上がる採用単価、上がらない定着率と、採用にまつわる課題は今や、重大な経営課題となっています。

誰もが同じ待遇を望む時代は何年も前に終わり、価値観の多様化がより加速する昨今において、採用活動も一筋縄ではどうにも成果を出せなくなりつつあります。

我々が2017年まで所属していた船井総合研究所では、6000社を超えるクライアントを抱え、我々はそのうち3700社超の企業向けに、ダイレクト・リクルーティングという新しい手法による採用のサポートを行なってきました。留まることを知らない採用コンサルティングのニーズに対し、実績を積み上げたことで、ダイレクト・リクルーティング事業を法人化するに至りました。

経営者、採用担当者の方々の中には、「最近、媒体の反響が悪い」と嘆きながらも、「それ以外の採用手法を知らない」方々が多く存在します。

まず、これまでの「常識」が、これからの「非常識」になろうとしているという事実を認識していただく必要があります。

今の日本において用いられている「ダイレクト・リクルーティング」とは広義の言葉で、大きく分けて3つの使われ方があります。

①リファラル・リクルーティング：自社社員から友人や知人を紹介・推薦してもらう採用手法

②ダイレクト・ソーシング：ＬｉｎｋｅｄＩｎやビズリーチ等のデータベースから能動的に行なう採用手法

③ファスト・リクルーティング：Ｉｎｄｅｅｄ等の求人検索エンジンでマーケティングを行なう採用手法

本書では、今後マーケットが最も急速に拡大し、「新しい採用の常識」になると考えられる「ファスト・リクルーティング」の内容を中心に、解説していきます。

採用の母集団形成から内定までのプロセスを因数分解し、改善させるための具体的手法をくまなくお伝えする1冊です。

本書が、皆様の採用活動を大きく改善させるきっかけとなることを願っております。

2017年12月吉日

高山奨史・新倉竜也

もくじ　ダイレクト・リクルーティング―新しい採用の常識

3章

①実践！ダイレクト・リクルーティング Webフェーズ　デジタル時代の採用戦略

4章

②実践！ダイレクト・リクルーティング リアルフェーズ 面接誘導編

5章
実践！ダイレクト・リクルーティング
③リアルフェーズ 面接当日〜内定連絡編

6章
驚愕！ 業種別ダイレクト・リクルーティング
成功事例

カバー・本文デザイン・DTP／ISSHIKI

1章

だからうちに人が来ないのか！
あなたの会社に
人が集まらない本当の理由

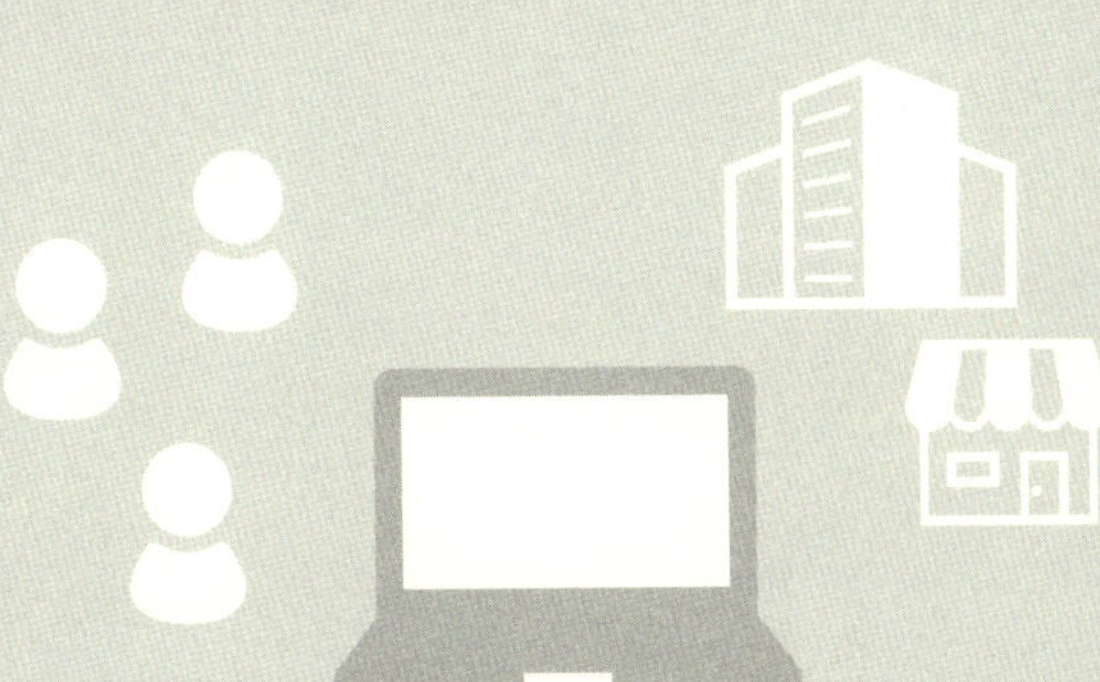

#01

データでみる人手不足の現状

人手不足の理由は、大きく次の3つに分けられます。

①募集手法に難がある
②自社求人の魅力がない
③そもそも対象者が存在しない

実際には9割方の企業が、①の理由で人を集められていない状況です。

一億総人手不足時代と叫ばれる昨今、ついに2017年4月には有効求人倍率もバブル期の水準を超え、経営における最重要課題と言っても過言でないほど、採用の重要性が増しています。

少子高齢化による労働人口の減少

基本的に、人口は合計特殊出生率2・0を下回ると減少に向かうものですが、日本では、平成元年の「1・57ショック」と呼ばれる合計特殊出生率1・57というタイミングをきっかけに、人口減少、少子高齢化時代がはじまったと言われています。日本の総人口は2008年の1億2808万人をピークに減りはじめ、2030年には1億1600万人あまりに減少すると予測されています。

それと同時に、高齢化率（人口における65歳以上の高齢者の割合）が急上昇しており、7%で高齢化社会、14%で高齢社会と言われるなか、日本は2015年10月時点で26・7%と4人に1人以上は高齢者という状況になっています。

他の国々で高齢化社会から高齢社会になるまでに要した年月は、フランスで115年、スウェーデンで85年、イギリスで47年だったのに対し、日本はなんと、24年という世界のどの国も経験したことのない異常な早さで高齢化率を高めたということがわかります。

そんな状況も手伝って、労働人口（生産年齢人口）の減少は猛スピードで進んでいます。労働人口は今後たった10年程度で1000万人も減少すると見込まれており、人手不足が続く日本にとって、非常に大きな社会問題となっています。

そして、日本の高齢化率はさらに高まる見込みで、2025年には30％を超え、2060年には40％に迫ると予測されています。


シニア世代の割合が高まり、若い労働者が減り、さらに人手不足の深刻度が増す時代においては、これまで労働人口として積極的には数えられていなかったシニア・主婦・外国人といった「ポテンシャルワーカー」と呼ばれる人材層の活用を検討するのはもちろんのこと、人間でなくとも問題なく進められる仕事においては、どんどんロボット化（RPA）が進んでいくでしょう。

常に次の時代の時流を読みながら、採用戦略、組織戦略を構築することの重要性が増す時代です。まずは、1つ目の階段である目先の採用力改善にしっかり目を向けてみましょう。

世界の高齢化率の推移

1. 欧米

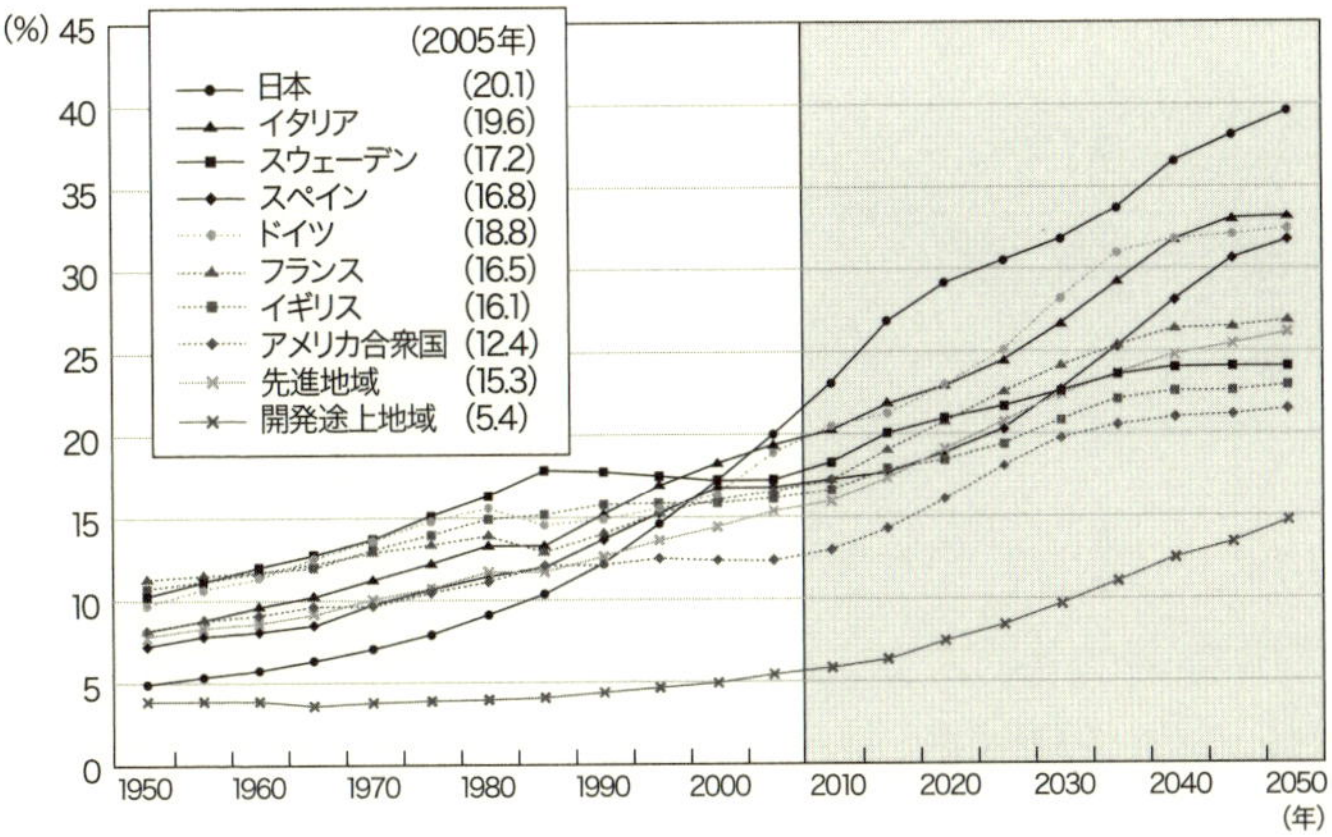

2. アジア

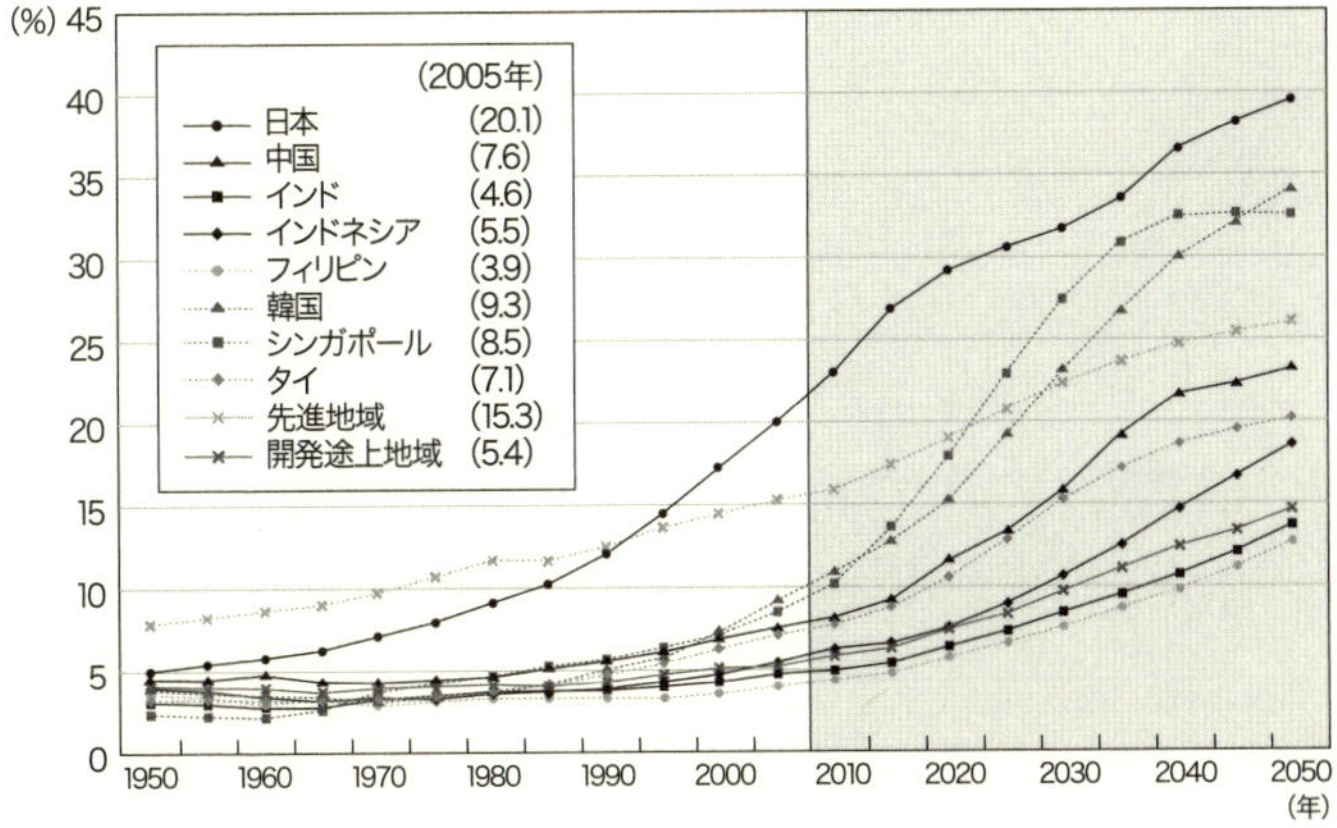

出典：UN,World Population Prospects：The 2008 Revision
ただし日本は、2005年までは総務省「国勢調査」、2010年以降は国立社会保障・人口問題研究所「日本の将来推計人口（平成18年12月推計）」の出生中位・死亡中位仮定による推計結果による。
(注) 先進地域とは、北部アメリカ、日本、ヨーロッパ、オーストラリア及びニュージーランドからなる地域をいう。
開発途上地域とは、アフリカ、アジア（日本を除く）、中南米、メラネシア、ミクロネシア及びポリネシアからなる地域をいう。

日本の出生数と合計特殊出生率の推移

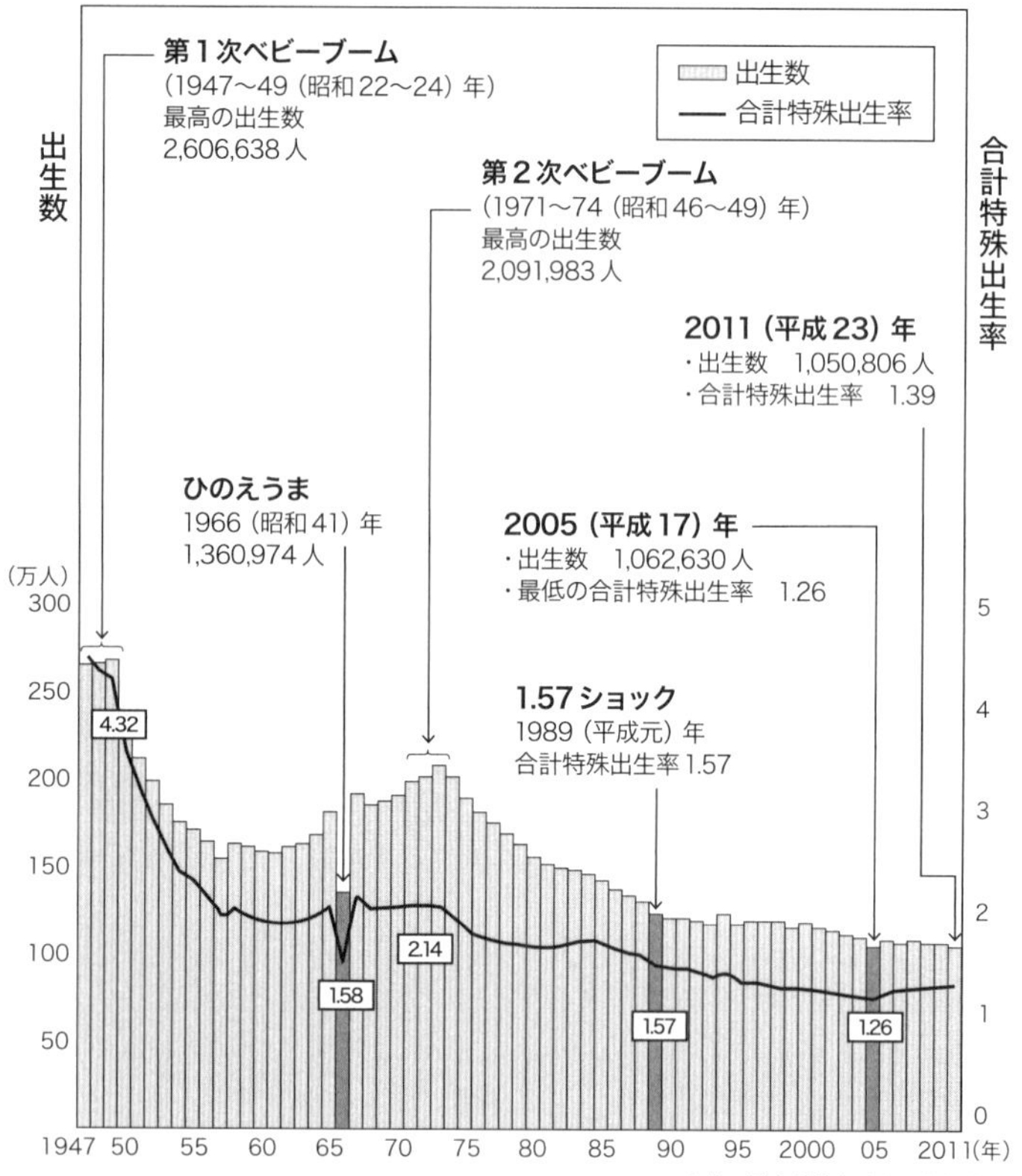

出典：厚生労働省「人口動態統計」

高齢化の推移と将来推計

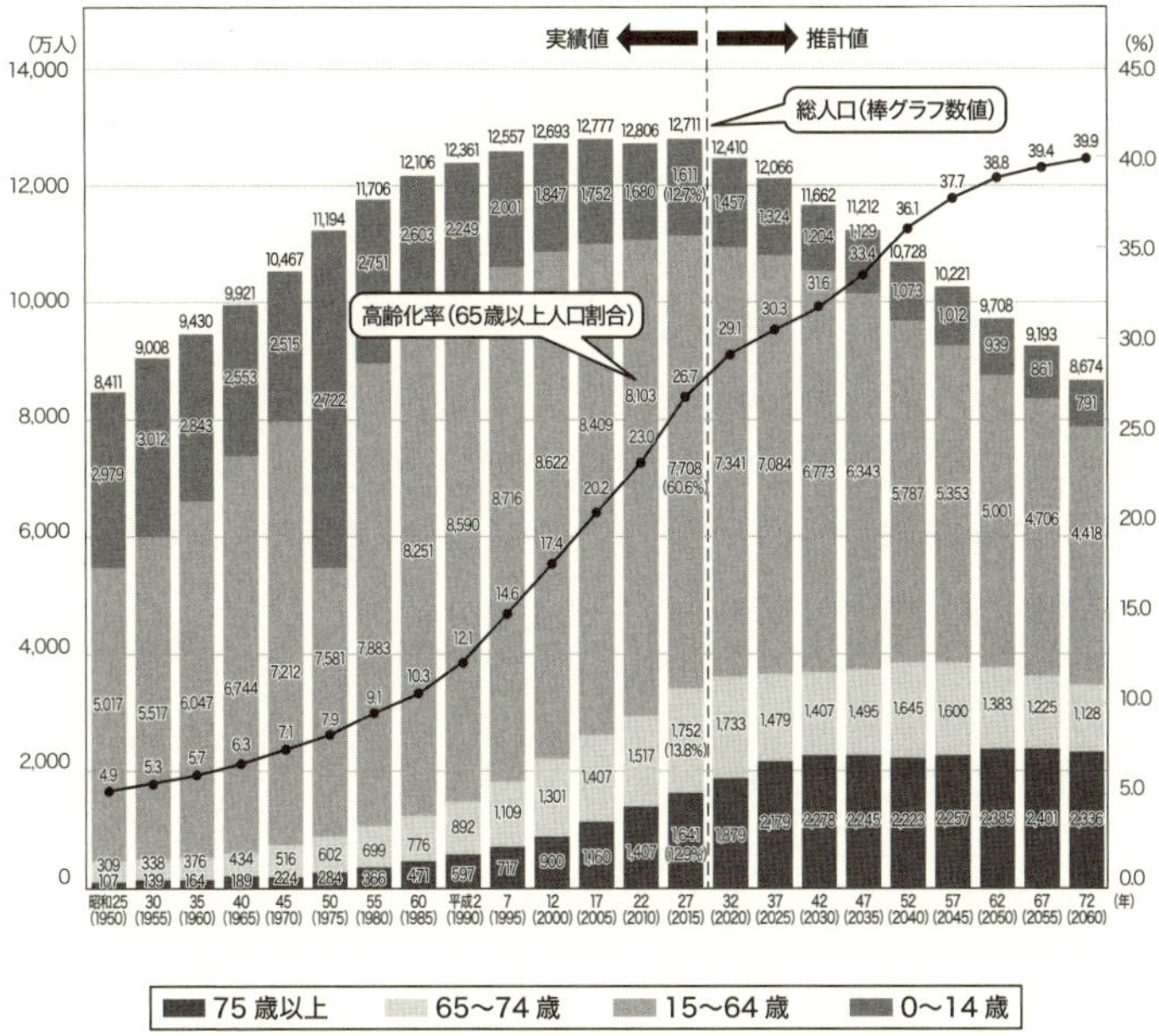

出典：2010年までは総務省「国勢調査」、2015年は総務省「人口推計（平成27年国勢調査人口速報集計による人口を基準とした平成27年10月1日現在確定値）」、2020年以降は国立社会保障・人口問題研究所「日本の将来推計人口（平成24年1月推計）」の出生中位・死亡中位仮定による推計結果
（注）1950年～2010年の総数は年齢不詳を含む。高齢化率の算出には分母から年齢不詳を除いている。

有効求人倍率の上昇

昨今の人手不足の度合いを表わすのが、有効求人倍率です。有効求人倍率は全国のハローワークで仕事を探す求職者1人あたりに対して、何件の求人があるかを示す数値です。

リーマンショック後の２００９年7月に完全失業率は５・５％まで悪化し、雇用情勢が大きく変化したタイミングで、全国の有効求人倍率は０・４５倍まで急激に下がりました。そこから年々回復基調で上昇を続け、２０１４年に１・０倍を超え、２０１7年3月には1・４５倍と、前述したように、バブル期（１９９０年11月）以来26年ぶりの高水準となりました。

地域別にみると、北海道は通年では常に1倍を下回っていたにもかかわらず、１・０４倍と統計開始以来、はじめて年間を通じて1倍を超える水準にまで上昇し、東京

全国の有効求人倍率

全国計

常用(除パート)　29年8月
(注)数値は、平成23年改定の「厚生労働省編職業分類」に基づく区分である。

	新規求人	有効求人	新規求職	有効求職	紹介件数	就職件数	新規求人倍率	有効求人倍率
職業計	526,759	1,486,755	273,845	1,160,407	394,664	76,730	1.92	1.28
管理的職業	3,626	9,580	1,393	6,449	3,838	326	2.60	1.49
専門的・技術的職業	118,990	338,576	38,611	163,384	52,227	11,029	3.08	2.07
開発技術者	5,964	17,969	1,654	7,636	2,587	390	3.61	2.35
製造技術者	3,073	9,158	3,829	15,011	2,644	399	0.80	0.61
建築・土木・測量技術者	18,929	56,102	2,400	9,880	3,895	949	7.89	5.68
情報処理・通信技術者	17,483	50,349	3,861	19,504	8,420	665	4.53	2.58
その他の技術者	653	2,011	259	1,119	726	126	2.52	1.80
医師、薬剤師等	3,531	10,590	424	1,690	316	70	8.33	6.27
保健師、助産師等	21,157	60,092	6,655	24,561	6,301	2,569	3.18	2.45
医療技術者	8,149	23,182	2,132	8,230	2,116	660	3.82	2.82
その他の保健医療の職業	7,158	18,003	2,449	10,244	2,777	780	2.92	1.76
社会福祉の専門的職業	23,826	65,248	5,977	23,083	10,042	3,183	3.99	2.83
美術家、デザイナー等	2,560	7,346	3,072	15,288	4,583	387	0.83	0.48
その他の専門的職業	6,507	18,526	5,899	27,138	7,820	851	1.10	0.68
事務的職業	56,004	139,390	78,943	349,299	152,894	16,633	0.71	0.40
一般事務の職業	36,474	88,252	65,492	290,471	105,335	11,840	0.56	0.30
会計事務の職業	5,398	13,810	5,046	21,793	19,318	1,662	1.07	0.63
生産関連事務の職業	4,382	11,648	1,905	8,065	7,228	1,068	2.30	1.44
営業・販売関連事務の職業	7,125	19,167	5,413	23,395	17,881	1,547	1.32	0.82
外勤事務の職業	368	738	35	146	275	48	10.51	5.05
運輸・郵便事務の職業	1,617	4,129	380	1,434	1,419	290	4.26	2.88
事務用機器操作の職業	640	1,646	672	3,995	1,438	178	0.95	0.41
販売の職業	60,340	176,225	23,425	100,343	38,546	5,336	2.58	1.76
商品販売の職業	29,641	84,009	10,812	46,278	10,829	2,314	2.74	1.82
販売類似の職業	1,753	5,376	395	1,781	994	133	4.44	3.02
営業の職業	28,946	86,840	12,218	52,284	26,723	2,889	2.37	1.66
サービスの職業	103,108	296,586	28,380	108,389	35,536	11,773	3.63	2.74
家庭生活支援サービスの職業	84	268	35	195	92	19	2.40	1.37
介護サービスの職業	40,325	114,942	10,502	38,838	10,886	5,005	3.84	2.96
保健医療サービスの職業	6,047	16,725	2,044	7,171	4,866	1,481	2.96	2.33
生活衛生サービスの職業	10,523	28,204	1,616	7,165	1,217	441	6.51	3.94
飲食物調理の職業	22,555	66,987	6,105	23,006	7,308	2,592	3.69	2.91
接客・給仕の職業	18,867	56,061	4,788	18,764	4,703	1,205	3.94	2.99
居住施設・ビル等の管理の職業	1,800	4,508	1,509	5,824	4,353	536	1.19	0.77
その他のサービスの職業	2,907	8,891	1,781	7,426	2,111	494	1.63	1.20
保安の職業	15,611	48,345	1,774	6,621	4,220	1,351	8.80	7.30
農林漁業の職業	3,699	10,029	2,021	7,834	2,455	888	1.83	1.28
生産工程の職業	66,203	183,170	31,205	119,935	49,976	13,351	2.12	1.53
生産設備制御等（金属）	771	2,197	423	1,631	710	178	1.82	1.35
生産設備制御等（金属除く）	1,577	4,181	736	2,744	1,957	456	2.14	1.52
生産設備制御等（機械組立）	762	1,989	543	2,081	575	143	1.40	0.96
金属材料製造等	16,472	45,989	5,318	18,998	11,451	3,337	3.10	2.42
製品製造・加工処理（金属除く）	19,056	49,885	8,743	33,703	17,376	4,939	2.18	1.48
機械組立の職業	8,045	23,214	8,372	32,349	6,388	1,593	0.96	0.72
機械整備・修理の職業	10,080	28,879	2,417	9,475	4,638	1,069	4.17	3.05
製品検査の職業（金属）	1,162	2,940	394	1,451	1,016	218	2.95	2.03
製品検査の職業（金属除く）	1,626	4,316	533	1,895	1,485	365	3.05	2.28
機械検査の職業	1,570	4,644	645	2,479	1,295	307	2.43	1.87
生産関連・生産類似の職業	5,082	14,936	3,081	13,129	3,085	746	1.65	1.14
輸送・機械運転の職業	36,291	104,122	12,820	46,068	19,765	6,060	2.83	2.26
鉄道運転の職業	18	63	35	118	46	3	0.51	0.53
自動車運転の職業	28,912	83,364	8,958	30,961	13,551	4,623	3.23	2.69
船舶・航空機運転の職業	26	73	25	118	17	4	1.04	0.62
その他の輸送の職業	2,101	5,491	1,517	5,584	1,880	438	1.38	0.98
定置・建設機械運転の職業	5,234	15,131	2,285	9,287	4,271	992	2.29	1.63
建設・採掘の職業	33,227	102,075	6,133	24,176	7,596	3,004	5.42	4.22
建設躯体工事の職業	5,882	19,041	541	1,904	677	323	10.87	10.00
建設の職業	9,398	28,783	1,721	6,762	2,536	890	5.46	4.26
電気工事の職業	5,675	17,512	1,381	6,000	1,714	620	4.11	2.92
土木の職業	12,200	36,511	2,465	9,434	2,626	1,162	4.95	3.87
採掘の職業	72	228	25	76	43	9	2.88	3.00
運搬・清掃・包装等の職業	29,660	78,657	30,313	143,280	27,611	6,979	0.98	0.55
運搬の職業	14,970	39,809	8,669	33,537	14,894	3,530	1.73	1.19
清掃の職業	6,449	17,105	2,809	15,935	5,248	1,465	2.30	1.07
包装の職業	1,144	3,265	286	1,204	1,143	344	4.00	2.71
その他の運搬等の職業	7,097	18,478	18,549	92,604	6,326	1,640	0.38	0.20
分類不能の職業	-	-	18,827	84,629	0	0	0.00	0.00

出典：厚生労働省

に至っては2・04倍と、1973年以来実に43年ぶりの超高倍率にまで上昇しています。

職種別にみると、介護職が2・96倍、医師や薬剤師が6・27倍、エンジニア（情報処理・通信技術者）で2・58倍、建設現場の仕事においては10倍と稀に見る高倍率となっていることがわかります。

求人であふれる媒体の現状

まず、左のグラフをご覧ください。こちらは、公益社団法人全国求人情報協会が協会会員社の発行している求人メディア（50〜60社）に掲載された求人広告の件数を集計したものです。

有効求人倍率の上昇とともに、求人メディアに掲載される求人広告の件数が増加していることがわかります。たった5年で掲載求人数が倍以上に増え、月間約130万件の求人が掲載されるようになりました。

求人メディアに掲載された求人広告の件数（年間平均）

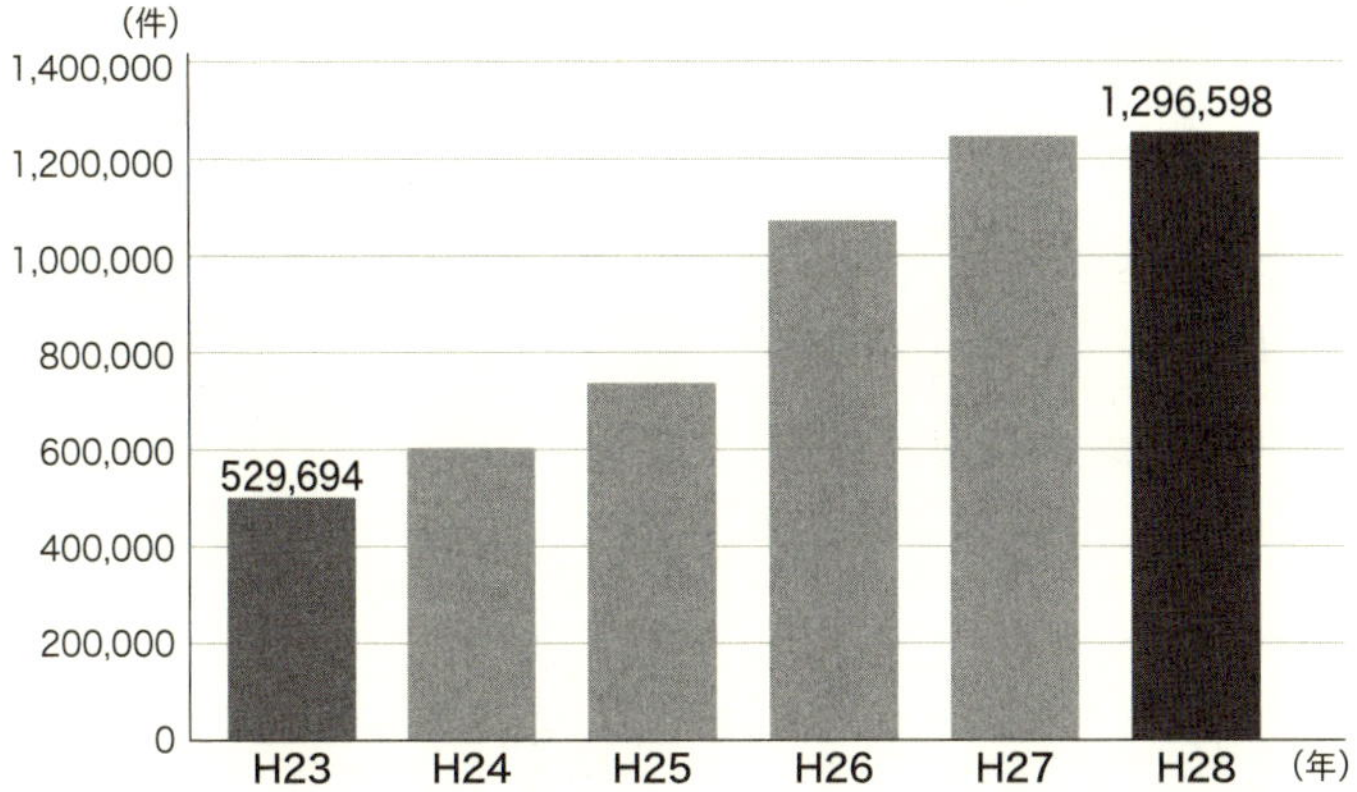

出典：全国求人情報協会

採用難の根源的な問題は、求人メディアの形態（紙・Ｗｅｂ）を問わず、求人がどんどん増えているものの、そもそもの対象者（生産年齢人口）が減少しているということに加え、求人メディアそれぞれの集客力が大きく落ちてきていることにあります。

「ダイバーシティ」というキーワードが飛び交うようになって久しいですが、昨今は人々の価値観の多様化が急激に進んでいます。これまでのように皆が同じ価値観で、同じ幸せをめざす時代ではなくなりました。

採用活動におけるダイバーシティの最たるは、「報酬の多様化」です。現代の報酬は、決して金銭的な報酬のみを指すのではありま

せん。

たとえば、小さな子供を抱える女性の場合、在宅で働けることは大きな報酬です。「子供の面倒を見ながら、家で働ける」「子供を保育園に預けずに働ける」「満員電車で通勤しなくても働ける」といったメリットがあり、これらが金銭以外の報酬として大きく影響しているため、在宅ワークという働き方が急速に成長しています。

これまで「誰かにしかできない」と考えていた仕事を、「誰にでもできる」状態へと昇華させること、そして、そのターゲットとなる人材が何を求めていて、どう伝えれば自社を選んでくれるのか、その辺りをしっかりと整理した上で、採用活動を行なうことの重要性が増してきています。

昨今話題の「人手不足倒産」

我々のような経営コンサルタントにとって、**人手不足倒産**というキーワードは比較的常態的に使用する言葉です。ただ、この数年でこの言葉の使われ方が変わってきています。

元々は、経営者の方の急逝などによる後継者不在での倒産や、幹部社員の退職によって組織が機能不全になったことによる倒産などが主でしたが、昨今では、人材を集められないから倒産するという意味合いで使われることが増えています。

実際に次ページのグラフで見て取れるように、人がいないがゆえに倒産をしている企業が毎月数十社あるという事実があります。

人手不足関連倒産月次推移

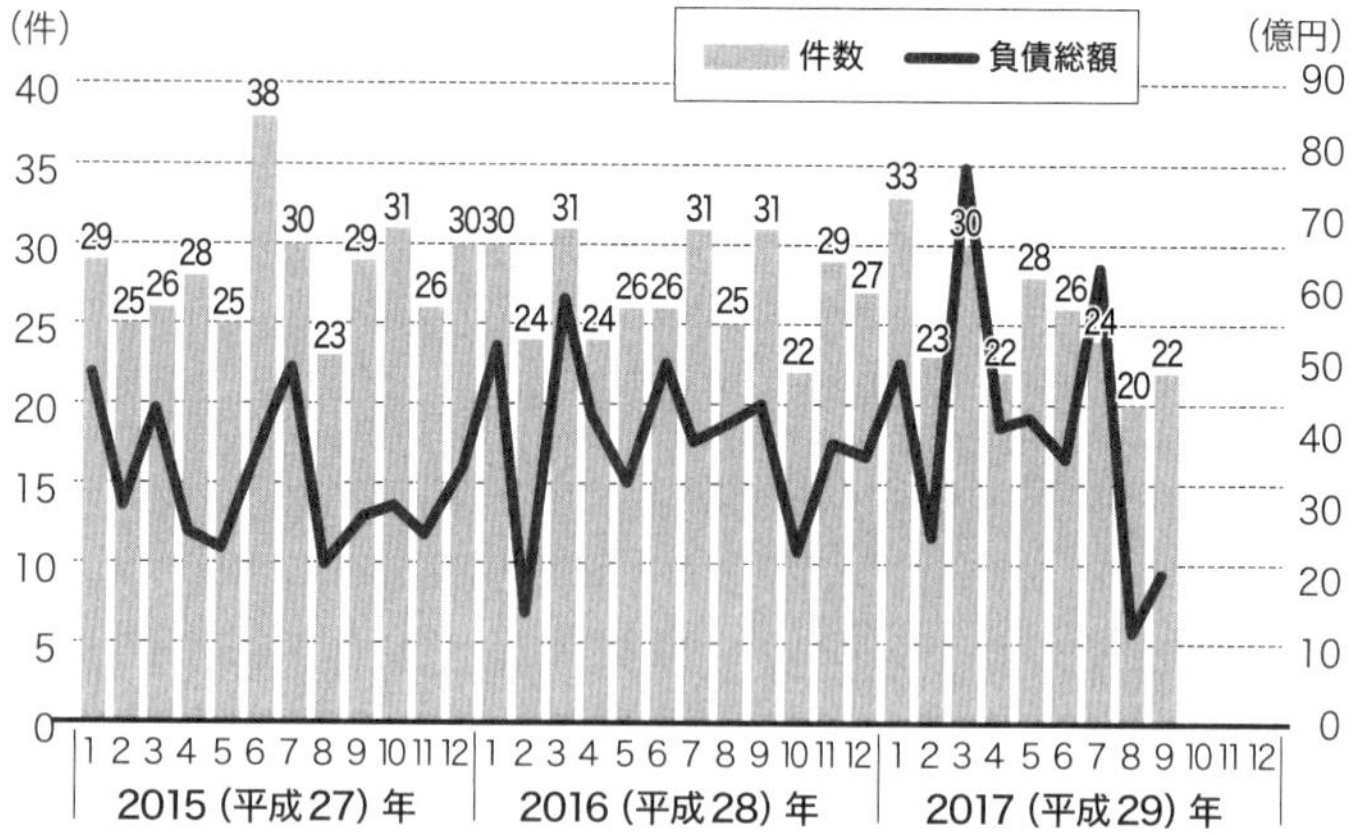

出典：東京商工リサーチ

そして、倒産は企業にとって最も大きな出来事ですが、その1つ手前の、人手不足による店舗や施設の閉店はこの何倍も起こっているということが、容易に想像できると思います。

24時間営業の飲食チェーンが人手不足によって営業時間を短縮したり、店舗を大幅に閉店したりという事案が多数発生しましたが、それだけ今の人手不足は会社の経営に大きなダメージを与えていることがわかります。

#02

これまでの募集手法の崩壊

紙媒体の終焉

広告業界では「地方は紙」「若年層以外は、紙」といった常套句がしばしば聞こえてきますが、媒体営業マンの言葉を鵜呑みにしているようでは、採用力は高まりません。

まず、新聞折込の集合求人チラシはご存じの通り、新聞購読率が年々大幅に減少し続けていることに加えて、数少ない新聞購読者層の高齢化が進んでおり、多くの企業が採用ターゲットとしている年齢層の人材にリーチできないケースがほとんどです。

もう1つの紙媒体の代表格、ファミリーレストランやコンビニの出入口付近、駅構

新聞発行部数

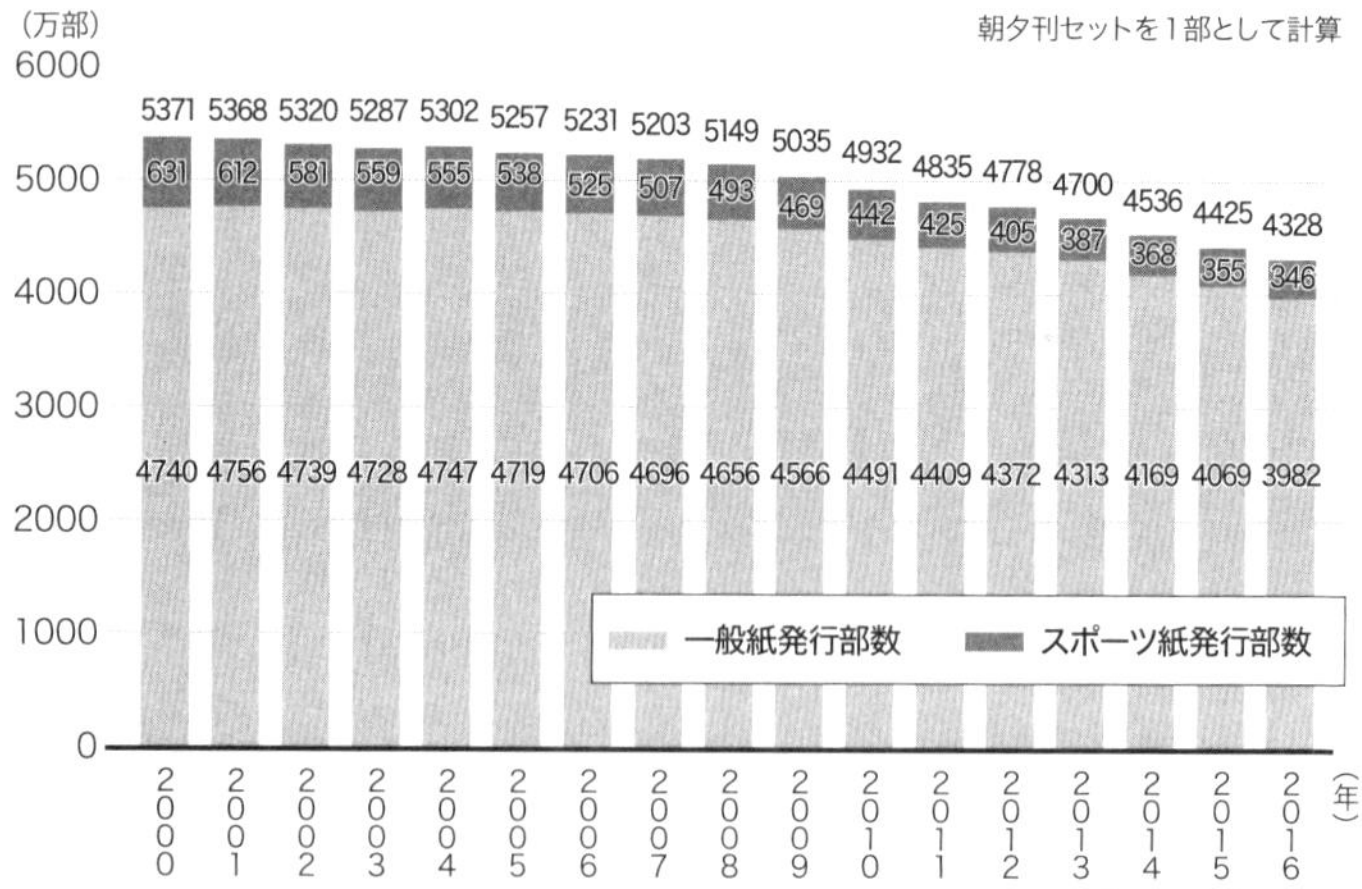

出典：日本新聞協会

内等に設置されたラックに並べられている求人フリーペーパーについて言及します。

誰もがスマホを当たり前のように持ち歩く時代において、求人フリーペーパーのページを1枚1枚めくりながら、自分に合った仕事を探す人が、ひと昔前のように多く存在することはない、そして今後、ほぼ間違いなく、ユーザーは減少の一途を辿るということに異論はないはずです。

そんな減少トレンドにあるにもかかわらず、媒体事業者は求人フリーペーパーの配布用ラック設置場所を増やすなどの取り組みをし、営業時に「さらにラック設置数を増やしましたので、採用につながりますよ！」といったセールストークで、商品価値の落ちたフリーペーパーを販売している現状があるというのも、また事実です。

求人ポータルサイトがいまいち機能しない理由

求人ポータルサイトへの1サイトあたりの掲載求人数は各媒体ともに年々増加しているものの、サイトを利用する求職者数が大幅に減少の一途を辿っている媒体が多いのは事実です。

求人ポータルサイトを利用する求職者数が減少している理由の最たるものは、ＳＥＯにあります。

これまで、ＧｏｏｇｌｅやＹａｈｏｏで「○○（職種）　求人　△△（エリア）」というキーワードで検索すると、検索結果の上位に求人ポータルサイトが表示されていました。しかし最近では、求人関連のキーワードで検索すると、上位に求人ポータルサイトではなく、Ｉｎｄｅｅｄが表示されるケースが増えています。主な集客導線であるＳＥＯから、求職者の流入を獲得しづらくなってしまったことにより、求人ポータルサイトの集客力は著しく落ちているのです。

加えて、昨今のダイバーシティ社会における、求職者の趣向の多様化により、「何でも」「どこでも」「誰でも」という全方位をターゲットとする総合型の求人ポータルサイトが選ばれづらくなっており、Ｏｎｅ to Ｏｎｅマーケティングを施す必要性が日に日に増しています。

そして、ポータルサイトには、エントリーが集まりづらくなる「サイトそのものの構造的な問題」もあります。求人ポータルサイトは、「比較・検討して、応募する求人を選ぶ」という仕組みになっています。

つまり、そのサイト内で条件的に優位となる求人であれば、応募が集まり、そうでなければ、集まらないというシンプルな仕組みです。

皆さんの会社の求人が、どこよりも高い給与で、優れた立地で、働きやすい条件が揃っているのであれば、ほぼ間違いなくポータルサイトに求人を掲載すれば求職者は集まりますが、無論、多くの会社がそのような状況にはないため、活用が難しいというのが実情です。

人材紹介・派遣会社が期待通りに機能しない理由

紙媒体に出しても、求人ポータルサイトに出しても集まらないということで、人材紹介や人材派遣を検討する企業が増えています。しかし、依頼すればすぐにでも人を斡旋してくれると思いきや、待てど暮らせど一向に人を連れてきてくれない、という不満を抱いている企業も多いと思います。

人材紹介・派遣会社も人材募集難

昨今の人手不足は本当に深刻で、人集めを生業としている人材紹介・派遣会社さえ、人材募集難に陥っているというのが現状です。

実際に、斡旋を希望する企業は非常に多く、営業面で困っている人材系の会社は一切ないと言っても過言ではないほどですが、肝心の紹介・派遣するための人材を確保することに大苦戦している企業が多いのが実情です。

各事業会社同様に、人集めを生業とする企業までもが苦しむ中、数少ない斡旋可能な人材を、どんな企業に紹介・派遣をするかについて、考えてみましょう。

需要過多フェーズにおける商売の鉄則

リーマンショック直後から数年の人余りの時代における人材紹介・派遣会社は、営業先の確保に苦戦しており、自社にエントリーしてくる人材を送る企業の開拓ができずに、数字が伸び悩んでいました。

それが昨今のように深刻な人手不足になると、一転して、営業的なアプローチをせずとも依頼が入るような状況で、求職者1人あたりに紹介できる案件数を複数確保できている状況です。

では、商品（人材）の数が限られている中で、どういう企業に優先的に話を持っていこうとするのか。これを知っておく必要があります。

優先順位の高い特徴の1つ目は、**大量採用を行なう企業**です。一度に50人ものスタッフを派遣できる企業と、2人のスタッフしか派遣できない企業であれば、当然、前者を優先してビジネスを組み立てます。

次に優先順位が高いのは、**紹介・派遣単価の高い企業**です。手数料率等を値切ることなく言い値で契約してくれる企業の優先順位は、当然のように高くなります。

もう1つ、優先順位の高い企業の特徴は、**採用ハードルが低い**ことです。比較的限られた数名のみを採用したいという会社ほど、1人1人を採用する際の評価の目がシビアになり、もっといい人がいるのでは？　と考え、なかなか内定を出せない傾向になります。実はこれが、人材派遣・紹介会社として〝扱いづらい顧客〟の典型です。

人材派遣・紹介会社の目線で考えると、連れて行けば高い確率で採用してくれる企業に優先して人を斡旋したくなります。

当然、少しでも優秀な人を採用したいという考えをもちつつも、人材派遣・紹介会社を上手に味方につけるためには〝こだわりすぎ〟には注意が必要なのです。

Column

ポテンシャルワーカーの活用

〝70歳現役社会〟に向かう日本のシニア活用

「アクティブシニア」という言葉が浸透して数年が経ちます。高年齢者雇用安定法の改正により、2013年4月1日から年金（定額部分）の支給開始年齢が65歳に引き上げられ、加えて支給額の減額も懸念される中、なるべく健康で、なるべく長く働きたいという意識の人が増えていることは、実感としてもご理解いただけると思います。

内閣府の調査によると、「あなたは、何歳頃まで収入を伴う仕事をしたいですか」という質問に、「働けるうちはいつまでも」と回答した高齢者が40％を超え、「70歳くらいまで」とそれ以上の年齢までの回答を合算すると、実に約80％が高齢期にも働く意欲を持っていることがわかります。

加えて、全就業者に占める高齢者層の割合も年々高くなっています。2016年時

あなたは、何歳頃まで収入を伴う仕事をしたいですか

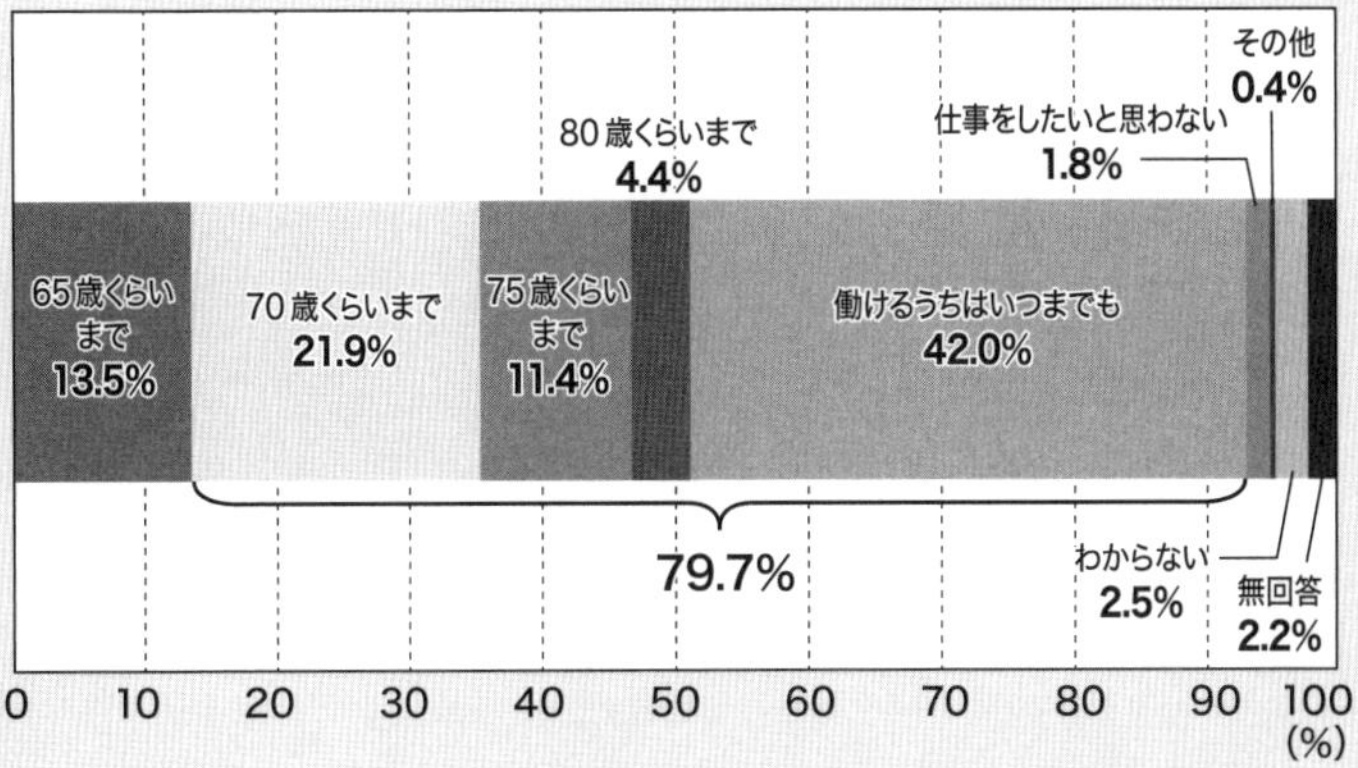

出典：内閣府「高齢者の日常生活に関する意識調査」（平成26年）
（注）調査対象は、全国60歳以上の男女。現在仕事をしている者のみの再集計。

点で、就業者合計（６４６５万人）のうち、60～64歳が８・１％、65～69歳が６・８％、70歳以上が５・１％を占め、全就業者中、実に20％が60歳以上という数字が出ています。

働きたい高齢者が増えると同時に、高齢者に働いてもらわないと人手が足りないという企業側の事情もあいまって、さらに高齢者の就業数が伸びていくことが見込まれています。

そして、国としても、高齢者を雇用することに対する助成金を充実させており、「定年の引き上げでの助成」「高齢者雇い

入れ時の賃金支給」など、金銭的な面でもサポートすることで、シニア世代の働く場の創出に積極的に取り組んでいます。

シニア世代向けの就労に関するアンケートを行なうと、働く理由は「お金を稼ぐため」だけでなく、「健康維持のため」「人や社会とかかわりを持つため」といった回答の割合が非常に高くなります。

給与を中心とする実利的な条件だけでなく、やりがいや生きがいを感じられるような役割をしっかりと与えていくことが、シニア世代に活躍してもらうためのキーファクターになりそうです。

高齢者雇用助成金の一例　特定求職者雇用開発助成金（厚生労働省）

【平成29年4月現在】 支給要件等が変更される場合があります。念のため、都道府県労働局またはハローワークにご確認ください。

65歳以上の離職者を雇用する事業主をサポートします！！

特定求職者雇用開発助成金（生涯現役コース）のご案内

雇入れ日の満年齢が65歳以上の離職者を、ハローワーク等※の紹介により、１年以上継続して雇用することが確実な労働者（雇用保険の高年齢被保険者）として雇い入れる事業主に対して、助成金を支給します。

※ ハローワーク、地方運輸局、雇用関係給付金の取扱に係る同意書を労働局に提出している特定地方公共団体、有料・無料職業紹介事業者と無料船員職業紹介事業者

＜支　給　額＞

対象労働者に支払われた賃金の一部に相当する額として、下表の金額が、支給対象期（6か月）ごとに支給されます。

※（　）内は中小企業以外の企業に対する支給額です。

対象労働者の一週間の所定労働時間	支給額	支給対象期ごとの支給額
30時間以上（短時間労働者以外）	70(60)万円	35(30)万円 × 2期
20時間以上30時間未満（短時間労働者）	50(40)万円	25(20)万円 × 2期

「中小企業」とは、業種ごとに下表に該当するものをいいます。

小売業・飲食店	資本金もしくは出資の総額が5千万円以下または常時雇用する労働者数50人以下
サービス業	資本金もしくは出資の総額が5千万円以下または常時雇用する労働者数100人以下
卸売業	資本金もしくは出資の総額が1億円以下または常時雇用する労働者数100人以下
その他の業種	資本金もしくは出資の総額が3億円以下または常時雇用する労働者数300人以下

厚生労働省・都道府県労働局・ハローワーク

LL290401雇企02

2章

ダイレクト・
リクルーティングで
劇的に採用力を改善する！

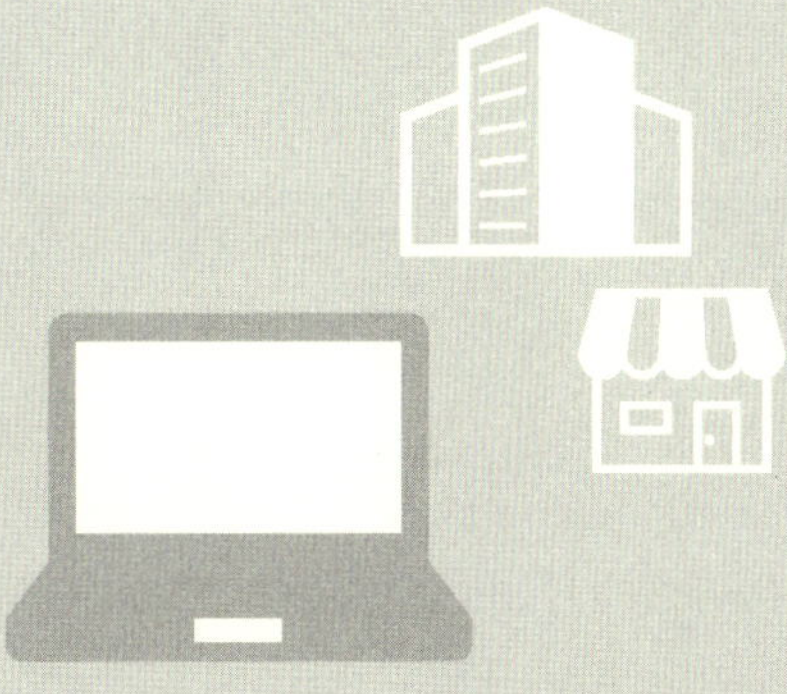

#01

媒体に依存しない採用手法
ダイレクト・リクルーティング

今、人材採用に成功している企業が何をしているか？　それが「ダイレクト・リクルーティング」です。

ダイレクト・リクルーティングとは、**企業と求職者を直接つなげる人材採用**のことです。

これまでの就職活動といえば、求職者はまず求人ポータルサイトや人材派遣・紹介会社に登録する形でした。いくつかの転職サービスに登録し、その中で求人情報を比較検討し、気に入った求人に応募します。

企業側は求人ポータルサイトや求人雑誌に広告を掲載したり、人材派遣会社や紹介会社に依頼して、求職者からの応募を待ちます。

これまでは、求人ポータルサイトや人材紹介会社などの人材会社を介しての採用でダイレクト・リクルーティングとは？

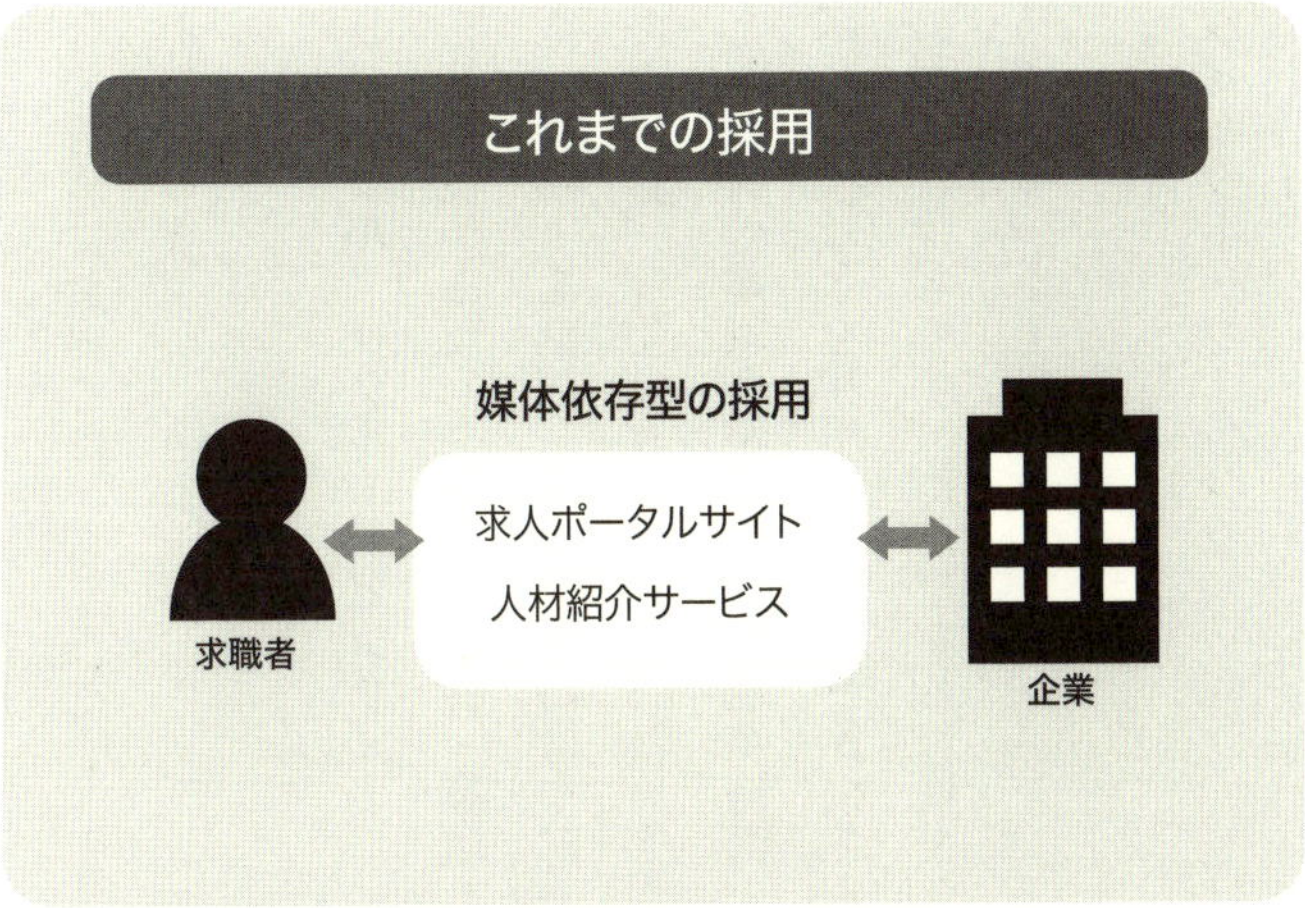

したが、これからは、企業が直接求職者へアプローチして採用する時代です。

今の日本においては、「ダイレクト・リクルーティング」は、大きく3つの意味で使われています。

①リファラル・リクルーティング

自社社員から友人や知人を紹介・推薦してもらう採用手法を指します。社員の個人的なつながりを活用し、自社の特徴や魅力、社風などをターゲットとなる人材に効果的に訴求し、自社のカルチャーにマッチする人材を集めることができるのに加え、採用した人材の離職率が低くなる点が特徴として挙げられます。何より、求人媒体や人材紹介会社などを利用した採用と比較すると、採用コストを大きく抑えることができるのもメリットです。ただ、ある程度まとまった人数を採用するには不向きであるというデメリットもあります。

②ダイレクト・ソーシング

採用ターゲットの人材が応募に至るまでのプロセスを、外部の媒体等に掲載し、ただ「待つ」のではなく、自社で積極的に「動く」採用のことを指します。ひと昔前までは、自社の外にどんな人材がいるのかという情報を得る方法はありませんでした。それが昨今、ＬｉｎｋｅｄＩｎやビズリーチといったサービスが生まれたことで、「誰がどこでどんな仕事をしていて、どういう経歴を持っているのか」といった情報にアクセスできるようになったことにより、可能となった手法です。

③ファスト・リクルーティング

旧来型の求人媒体に広告を出して待つ採用ではなく、Ｉｎｄｅｅｄやｃａｒｅｅｒｊｅｔをはじめとする「求人検索エンジン」から直接自社の採用サイトに誘導するためのＷｅｂマーケティングを行なって採用する手法を指します。Ｇｏｏｇｌｅやｙａｈｏｏと同様にクリック課金型の広告を運用することにより、求職中のユーザーにダイレクトに、早く、リーチすることが可能となる手法です。

この章では、③のファスト・リクルーティングを中心にお話しします。

前章でも言及したように、年々、生産年齢人口は減り、有効求人倍率は上がり続け、求人広告の数も倍増する中で、各企業の採用コストは上がり続けています。

我々は「求人特化型の検索エンジンを活用したダイレクト・リクルーティング」という手法を提案し、1年で2500社以上の企業がこの方法を取り入れ、その結果、**導入した企業の1人当たりの採用コストは平均1／3程度にまで削減**することができました。

求職者の行動と、ダイレクト・リクルーティングが効果的な理由

そもそもなぜ、ダイレクト・リクルーティングが効果的なのか、それを理解するためにはまず、インターネットやスマートフォンの普及率が急速に上がったデジタル時代における求職者の行動について知っておく必要があります。

求職者の多くは仕事を探す際、まず、Ｇｏｏｇｌｅやｙａｈｏｏなどの総合型の検索エンジンを開くところからスタートします。そこで自分の探したい仕事に応じたキーワードを入力し、検索ボタンをクリックします。「アルバイト　求人」「転職」などのキーワードで検索する人もいますし、求人ポータルサイトの具体的な名称で検索する人もいます。

求職者はさまざまなキーワードで検索します。そのさまざまなキーワードで検索したときの検索結果の上位にＩｎｄｅｅｄやキャリアジェットなど「求人に特化した検索エンジン」が表示されることが急激に増えています。

ぜひ、「アルバイト　求人　東京」「正社員　求人　大阪」「飲食店　求人　福岡」「介護　求人　仙台」などの様々なキーワードで検索してみてください。

求職者が応募したい職種や業種、地域名などを入れて検索すると、Ｉｎｄｅｅｄやキャリアジェットといった求人特化型の検索エンジンが上位表示されると思います。

求職者はＧｏｏｇｌｅやＹａｈｏｏなどの総合型の検索エンジンを介して、いつのまにかＩｎｄｅｅｄなどの求人特化型の検索エンジンにアクセスし、これを利用して転職するという行動パターンが圧倒的に増えてきているのです。

デジタル時代の就職活動

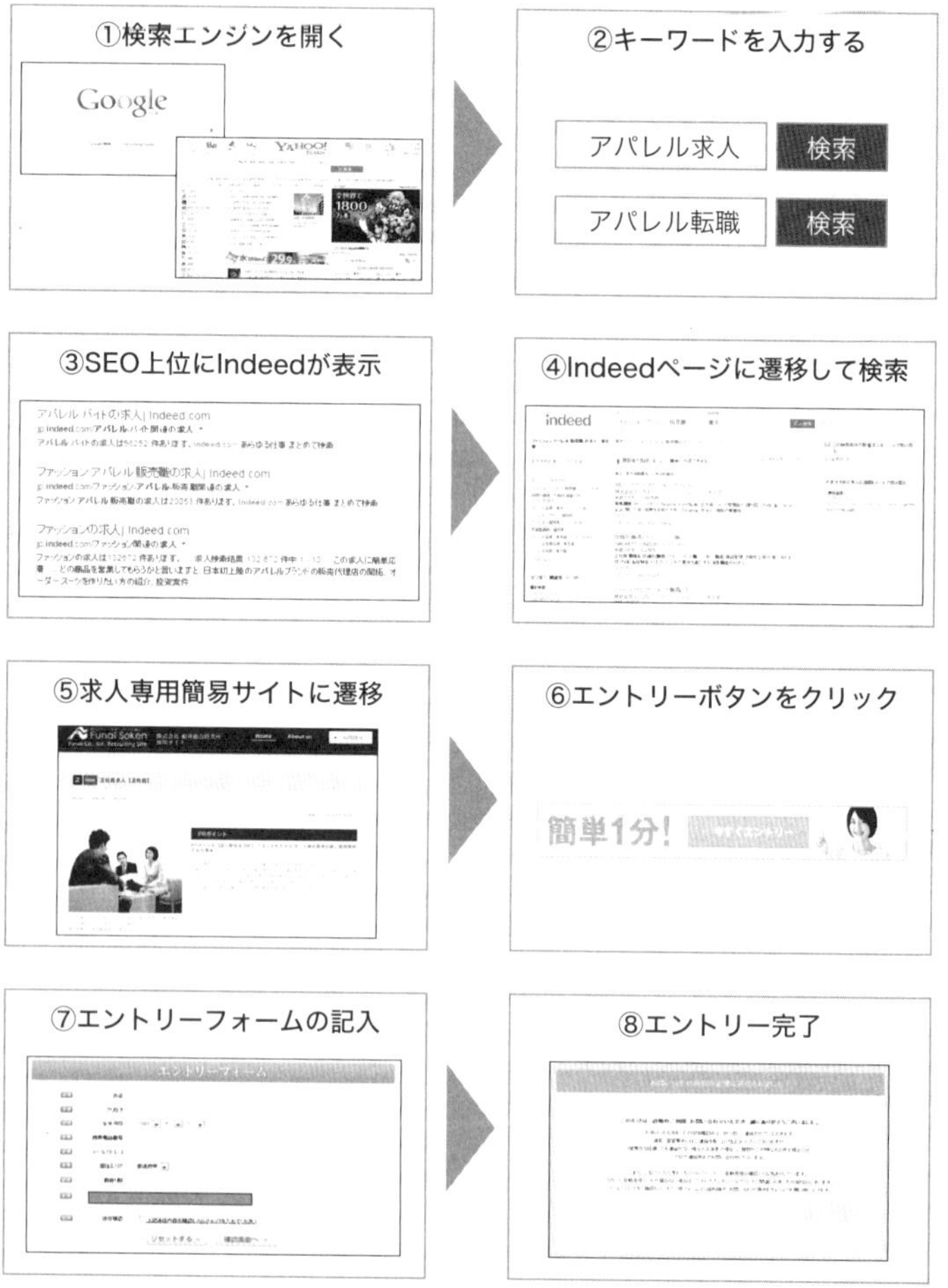

#02

世界最大の求人検索エンジン「Ｉｎｄｅｅｄ」とは

そもそも、Ｉｎｄｅｅｄとは？

ここでは求人特化型の検索エンジンについて説明します（すでにご存じの方は飛ばしていただいて問題ありません）。

「何か調べものをしたい」と思ったら、ＧｏｏｇｌｅやＹａｈｏｏで検索をしますが、「動画を探したい」と思ったらＧｏｏｇｌｅやＹａｈｏｏではなく、動画に特化した検索エンジンであるＹｏｕＴｕｂｅを利用するユーザーが大半です。

それと同様に、「求人情報を探したい」と思ったらＩｎｄｅｅｄなどの求人に特化した検索エンジンを利用するユーザーが増えてきているというのが、今の採用トレンドの変化を象徴しています。

現に、日本の5~10年先のトレンドを走る、Ｉｎｄｅｅｄの本場であるアメリカにおいては、仕事を見つけた求職者のうち、実に65％もの人がＩｎｄｅｅｄを経由して、仕事を選んでおり、圧倒的なシェアを占めるようになりました。

求人特化型の検索エンジンにも色々な種類がありますが、ここでは、その中でも利用者が一番多い「Ｉｎｄｅｅｄ」を中心に解説していきます。

Ｉｎｄｅｅｄの特徴

Ｉｎｄｅｅｄとは「あらゆる仕事をまとめて検索」というキャッチフレーズの通り、あらゆる求人に関するポータルサイトや企業の求人情報をまとめて、検索結果として表示してくれます。２０１７年からはテレビＣＭが放映されているので、名前くらいは聞いたことがあるという方も多くいらっしゃると思います。

アメリカのオースティンで生まれたサービスで、２０１７年12月現在では世界60ヶ国28言語で展開されています。全世界で2億人が利用しているという驚異的なサービスです。

先ほども言及したように、アメリカでは、就職者の65％がＩｎｄｅｅｄを使っているという圧倒的なシェアを占めています。日本でも利用者数は右肩上がりに増加しています。

「キーワード」と「勤務地」を入力する2つのボックスがあるだけ

キーワードのボックスに業種や条件、会社名など求職者は自分のニーズを入力します。勤務地のボックスには自分が働きたい地名を入力します。求人検索のボタンをクリックすると、入力したキーワードにマッチする求人情報が一覧で表示されます。

綺麗で賑やかなデザインの求人ポータルサイトに慣れていた日本のユーザーからすると、最初は「あれ？　これだけなの？」と物足りなく感じる方が多く存在していたようですが、昨今、同社が積極的に行っているテレビＣＭ等の広報活動により、日本国内での利用者は急増し、むしろシンプルで使いやすい、というイメージが持たれはじめています。

構成としてはＧｏｏｇｌｅの検索画面とよく似ており、必要な情報だけを的確に表示してくれるので、使い始めるととても使い勝手がいいのです。

こんなに便利なＩｎｄｅｅｄユーザーにとってのメリットは？

転職しようとすると、さまざまな求人サイトがあります。総合型の求人サイトが一般的ですが、特定の職種に特化したサイト、アルバイト専門のサイト、高収入の求人に特化したサイトなど、無数のサイトが存在します。

求職者は、求人情報を探そうとすると、各サイトにアクセスし、検索し、情報を得る必要がありました。

求人サイトＡではＡの求人しか見ることができません。求人サイトＢの情報を見たいと思ったら、Ｂサイトにアクセスする必要がありました。

また、求人サイトに広告を掲載していない企業の求人についてはＧｏｏｇｌｅなどの検索を駆使して、直接企業のＷｅｂサイトにアクセスしなければなりません。

Indeedの検索画面

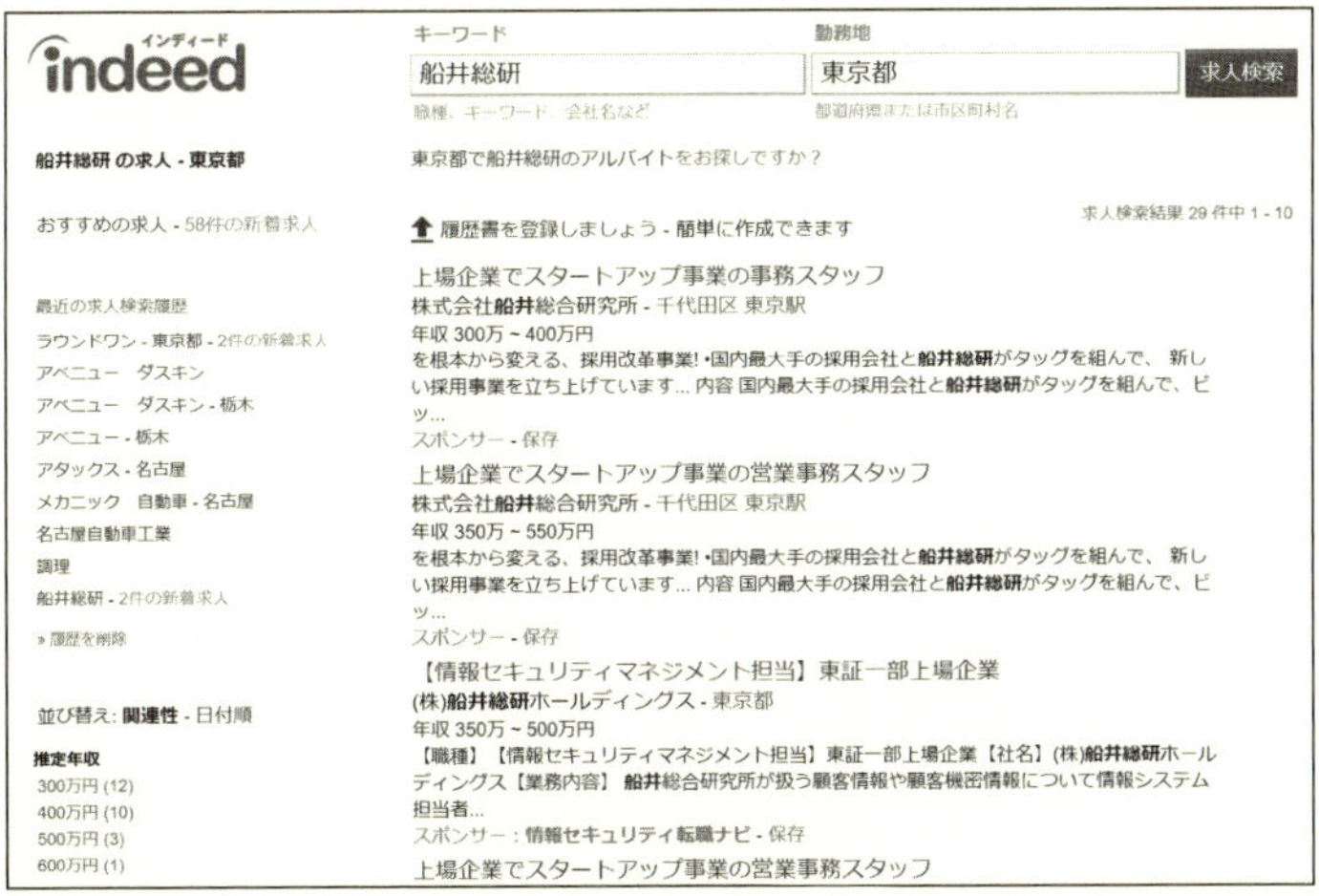

インターネット上のさまざまな場所に求人情報があるため、求職者にとって情報収集は面倒なものでした。

これらの手間を省き、一括で検索できるのがＩｎｄｅｅｄです。さまざまな求人サイトの情報や企業の求人情報など、インターネット上にあるあらゆる求人を一括して検索することができるのです。

またＧｏｏｇｌｅなどの総合型の検索エンジンで検索すると、具体的な求人情報ではなく、求人サイトのＴＯＰページが上位表示されたり、求人以外の情報が混ざったりすることがあります。

Ｉｎｄｅｅｄの場合は、具体的な求人情報だけが検索結果に表示されるため、ストレスなく求人情報にアクセスすることができます。

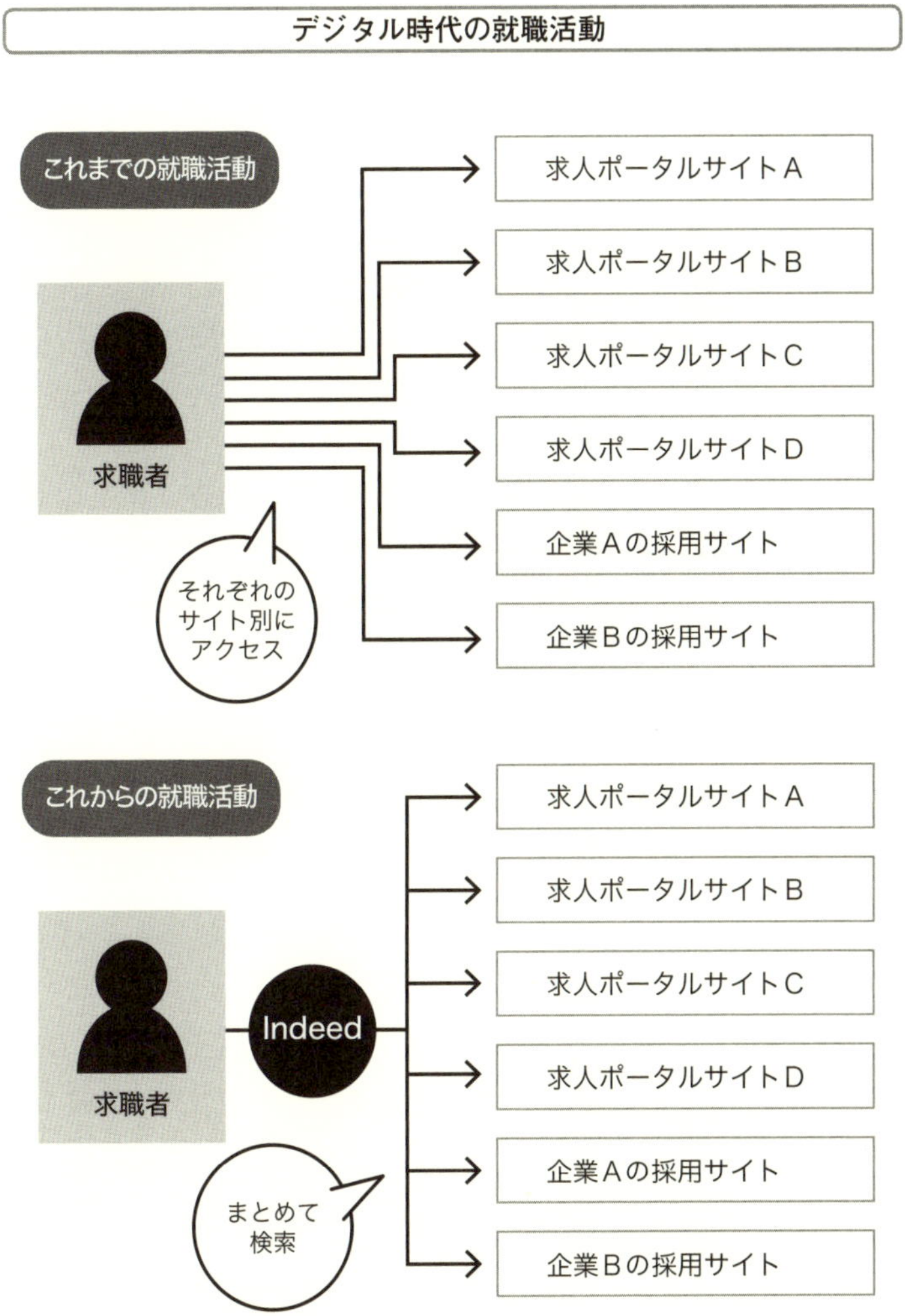
デジタル時代の就職活動
これまでの就職活動
求職者
求人ポータルサイトA
求人ポータルサイトB
求人ポータルサイトC
求人ポータルサイトD
企業Aの採用サイト
企業Bの採用サイト
それぞれのサイト別にアクセス
これからの就職活動
求職者
Indeed
求人ポータルサイトA
求人ポータルサイトB
求人ポータルサイトC
求人ポータルサイトD
企業Aの採用サイト
企業Bの採用サイト
まとめて検索

自分にあったオリジナル検索

Ｉｎｄｅｅｄのトップページにあるキーワードボックスには、職種や業種、会社名など、何でも入力することができます。たとえば、

「アルバイトで働きたい」
「できるだけ高い時給がいい」
「髪型やネイルは自由にしたい」
「短時間からでも働ける勤務体系がいい」

というようなわがままな条件でも、

「アルバイト　高時給　服装自由　短時間」

などのキーワードで検索すれば、条件にあった求人情報が検索されます。

登録不要で直接企業に応募

Ｉｎｄｅｅｄは求人広告サイトではなく、あくまでも検索エンジンなので、求職者はＩｎｄｅｅｄ自体に登録する必要はありません。気に入った求人があれば、直接企業に連絡をします。

そのため、求人サイトのように学歴職歴ＰＲ文など、たくさんの項目に入力する必要もなく、企業と直接やりとりができるのもメリットのひとつです。

日本でもＩｎｄｅｅｄって使われているの？

今ではテレビでＩｎｄｅｅｄのＣＭをよく見かけるようになり、知名度も上がってきています。それでも、

「Ｉｎｄｅｅｄって聞いたことないけど」

「求職者が使っているとは思えない」

「都市部の人だけでしょ？　地方都市の転職には関係ないのでは？」


という質問をいただくこともあります。

たしかに有名な求人サイトと比較すると、Ｉｎｄｅｅｄは知名度の観点のみで考えるとまだ低いのが実態かもしれません。

しかし、デジタル時代の昨今は、すでに言及したように、Ｉｎｄｅｅｄを知ってい

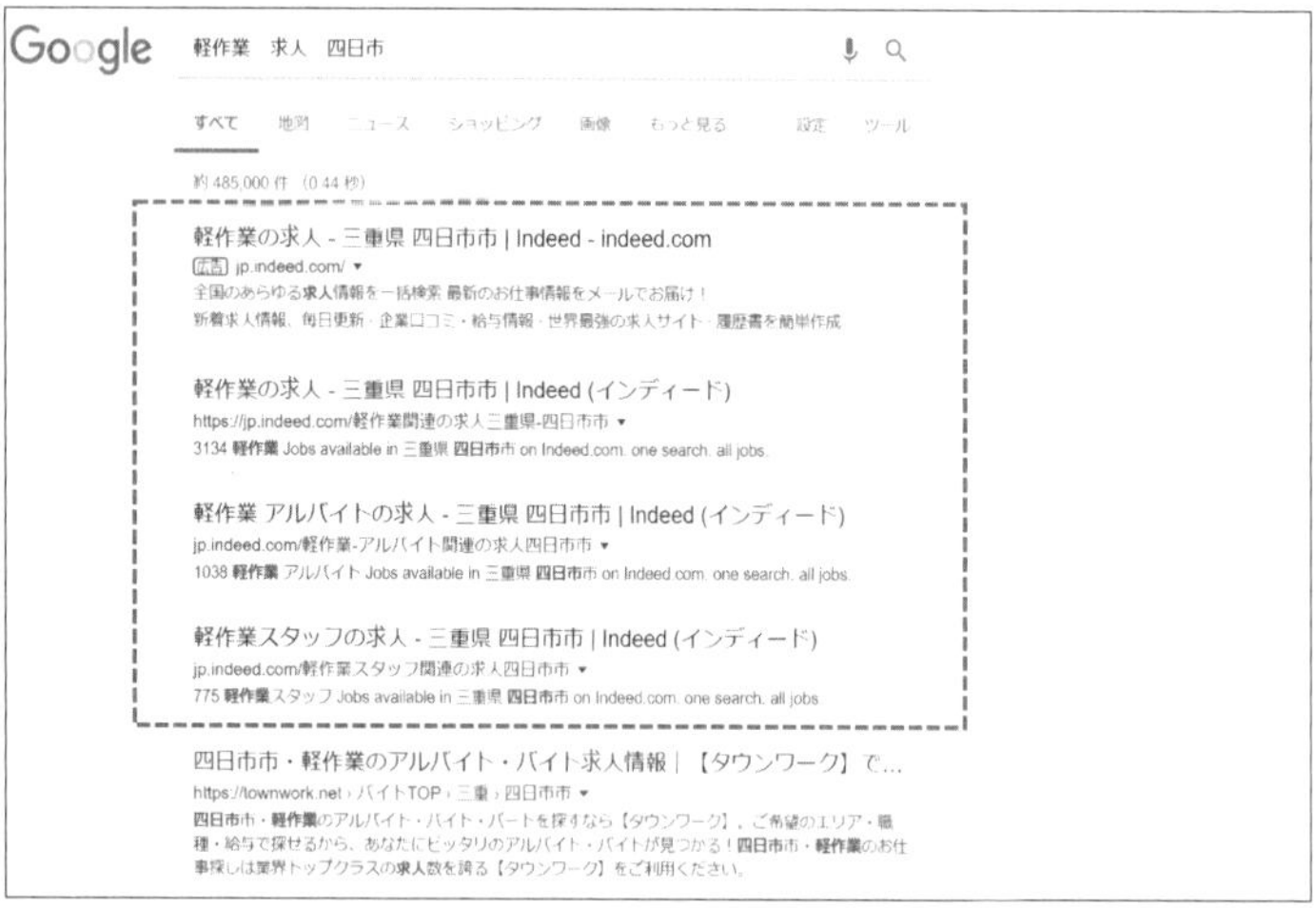

て利用するユーザーよりも、Ｇｏｏｇｌｅなどの総合型の検索エンジンで検索して、たまたま上位表示されていたので、いつのまにかＩｎｄｅｅｄにアクセスして、使ってみたら便利だったというユーザーが圧倒的に多いのです。

さらにＩｎｄｅｅｄは細かい検索キーワードに強いので、地方の地名検索に強いのです。Ｇｏｏｇｌｅで「職種名＋地域名」を入れると上位7つがＩｎｄｅｅｄの独占というようなこともよくあります。

3章

実践！ ダイレクト・リクルーティング
①Ｗｅｂフェーズ
デジタル時代の採用戦略

#01

採用にマーケティングの考えを取り入れる

ここからはダイレクト・リクルーティングの具体的な導入方法について解説していきます。

採用活動における最終的な入社人数は、左の図のように表わすことができます。「応募数」「面接誘導率」「内定率」「入社率」この4つの変数を上げることで、入社人数が増えることになります。

まずは応募数の最大化について考えていきましょう。応募数は、

応募数＝「求人ページのアクセス数」×「応募率」

と因数分解することができます。

入社人数を左右する４つの変数

応募数 × 面接誘導率 × 内定率 × 入社率

応募数を増やすには「求人ページのアクセス数を増やす」か、「求人ページを見てくれた求職者からの応募率を上げるか」の２つになります。

前章でもご紹介したように、求人ページのアクセス数を増やすには、求人特化型の検索エンジンが効果的です。

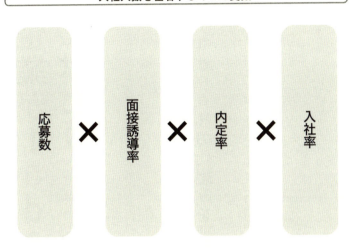

#02

企業がＩｎｄｅｅｄを活用するにはどうしたらいいのか？

企業がＩｎｄｅｅｄを活用するために、まずはＩｎｄｅｅｄの仕組みを理解しましょう。

Ｉｎｄｅｅｄの仕組みを理解しよう

Ｉｎｄｅｅｄの検索結果は、有料枠と無料枠（オーガニック）の２種類に分かれます。

左の図をご覧ください。①の部分が有料枠、②の部分が無料枠です。有料枠に掲載するには、広告費がかかります。

Indeedの「有料枠」と「無料枠」

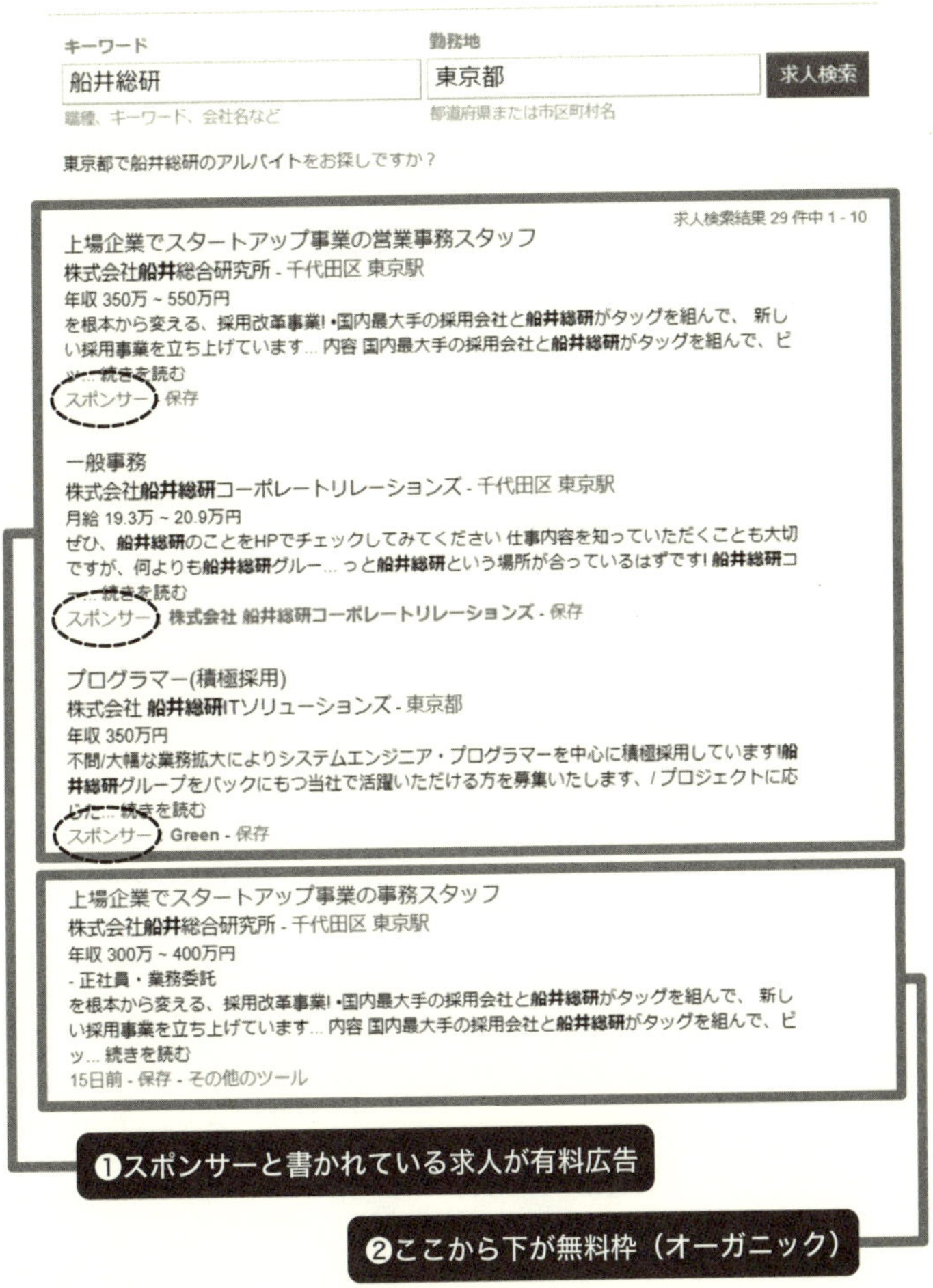
キーワード
船井総研
職種、キーワード、会社名など
勤務地
東京都
都道府県または市区町村名
求人検索
東京都で船井総研のアルバイトをお探しですか？
求人検索結果 29 件中 1 - 10
上場企業でスタートアップ事業の営業事務スタッフ
株式会社船井総合研究所 - 千代田区 東京駅
年収 350万 ~ 550万円
を根本から変える、採用改革事業! •国内最大手の採用会社と船井総研がタッグを組んで、 新しい採用事業を立ち上げています... 内容 国内最大手の採用会社と船井総研がタッグを組んで、ビッ... 続きを読む
スポンサー - 保存
一般事務
株式会社船井総研コーポレートリレーションズ - 千代田区 東京駅
月給 19.3万 ~ 20.9万円
ぜひ、船井総研のことをHPでチェックしてみてください 仕事内容を知っていただくことも大切ですが、何よりも船井総研グルー... っと船井総研という場所が合っているはずです! 船井総研コー... 続きを読む
スポンサー - 株式会社 船井総研コーポレートリレーションズ - 保存
プログラマー(積極採用)
株式会社 船井総研ITソリューションズ - 東京都
年収 350万円
不問/大幅な業務拡大によりシステムエンジニア・プログラマーを中心に積極採用しています!船井総研グループをバックにもつ当社で活躍いただける方を募集いたします、/プロジェクトに応じた... 続きを読む
スポンサー - Green - 保存
上場企業でスタートアップ事業の事務スタッフ
株式会社船井総合研究所 - 千代田区 東京駅
年収 300万 ~ 400万円
- 正社員・業務委託
を根本から変える、採用改革事業! •国内最大手の採用会社と船井総研がタッグを組んで、 新しい採用事業を立ち上げています... 内容 国内最大手の採用会社と船井総研がタッグを組んで、ビッ... 続きを読む
15日前 - 保存 - その他のツール
❶スポンサーと書かれている求人が有料広告
❷ここから下が無料枠（オーガニック）

ＧｏｏｇｌｅやＹａｈｏｏのリスティング広告をご存じの方は理解しやすいと思います。その仕組みと非常に似ています。

有料枠に掲載すると、１クリックごとに費用が発生します。クリックされた分だけ課金される仕組みで、クリックされなければ、費用が発生することはありません。

クリックされた分だけ、つまり、自社の求人を見た求職者の分だけ費用が発生することになります。

一般的な求人サイトとの違いが、このクリック課金制度にあります。

一般的な求人サイトは、広告を掲載する期間や、広告枠の大きさによって費用が変わります。何人に見られるかはわかりません。10万円の広告費を払っても、10人にしか見られないかもしれませんし、１０００人以上に見られるかもしれません。

「見られた回数」×「クリック単価」＝広告費用となります。

#03

入札制によるクリック課金制度

では、1クリック当たりの費用はいくらくらいかかるのでしょうか？

入札制になっていて、自社の求人がクリックされた場合にいくら払うかは、自由に設定することができます。入札した金額の高い求人が上位に表示されます。


求人ポータルサイトの広告は、「純広告」とよばれます。純広告とは広告枠を買い取って掲載する広告で、「300×250のサイズで2週間の広告掲載料が10万円」というような料金体系です。

この場合、広告枠を購入しているので、何回クリックされても料金は変わりません。

前述したように、10万円払って、1000人に見られる可能性もあれば、10人にしか見られないかもしれません。

クリック課金型の表示例

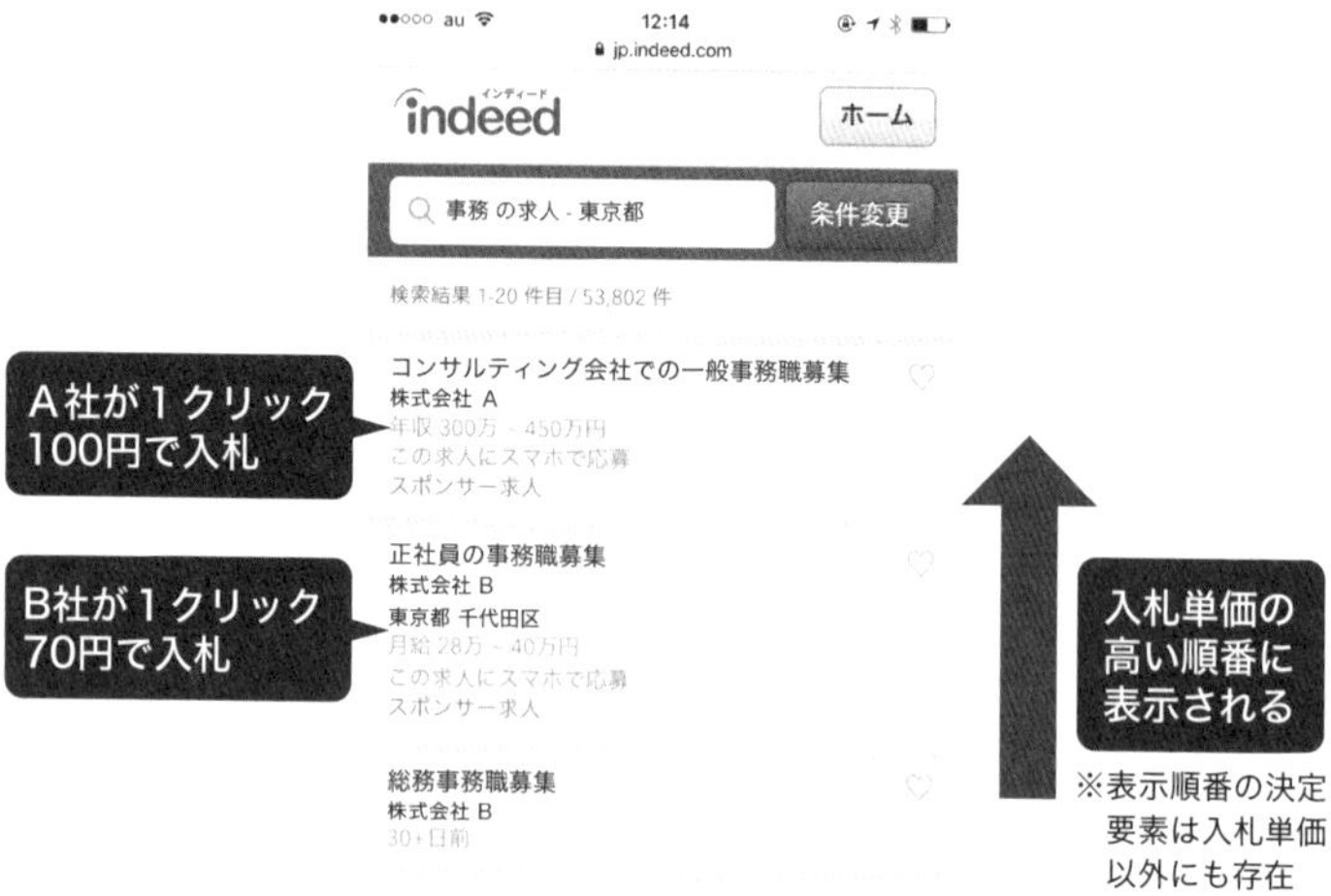

※表示順番の決定要素は入札単価以外にも存在

近年は人手不足のために、求人広告の掲載総量が増えています。そのため、1広告当たりの閲覧回数（クリック数）は減っています。

クリック課金の場合には、クリックされた分しか広告料がかかりません。どれくらいの求職者に見られるかわからない純広告に比べ、クリック課金型であれば、入札単価と広告予算から、どれくらいのクリックが期待できるか、あらかじめ予測することができます。

#04 Ｉｎｄｅｅｄのルール

Ｉｎｄｅｅｄに求人を掲載するには、いくつかのルールがあります。代表的なものを見てきましょう。

1求人・1ページが原則

ここでいう1求人とは、「仕事内容 × 勤務地」で決まります。同じ営業職でも、勤務地が東京と大阪の2ヶ所で募集している場合、2求人になります。

仕事内容が違う場合も、ページを分ける必要があります。1ページに営業職の求人も事務職の求人も載せるのはＮＧです。

・営業職 × 東京

・営業職 × 大阪
・事務職 × 東京
・事務所 × 大阪

というように、「仕事内容」「勤務地」ごとにページを分けましょう。

雇用形態別に求人を分けないこと

反対に、雇用形態でページを分けるのはNGです。たとえば、正社員とアルバイトの両方を募集する場合、仕事内容が同じなら1ページになります。別のページに分けるのであれば、仕事内容に差異を出す必要があります。

勤務地住所が番地までしっかり記載されていること

勤務地欄は「○○市」といったおおまかなものでなく、番地までしっかり記載しましょう。

仕事内容が具体的でわかりやすいこと

たとえば営業の仕事なら、どういった商品を、どのような客層に売る仕事なのかを具体的に記載します。求職者にとって仕事内容がイメージしやすい情報を載せるようにしましょう。

#05

入札金額はいくらに設定すればいいのか

入札制のため、1クリックあたりどれくらいの費用がかかるかは、競合の入札によります。表示される順位が低すぎるとクリックされません。

掲載順位は何位にすればいいか、入札価格はどれくらいか見てみましょう。

入札制をとっている広告と言えばグーグルが有名なので、Ｇｏｏｇｌｅとの違いについてみてみましょう。

2017年の検索順位別クリック率

1位	21.12%
2位	10.65%
3位	7.57%
4位	4.66%
5位	3.42%
6位	2.56%
7位	2.69%
8位	1.74%
9位	1.74%
10位	1.64%

出典：Internet Marketing Ninjas

GoogleやYahooの総合型の検索エンジンの場合、検索順位の高い順にクリック率が高く、1ページ目に表示させないと、ほとんどクリックされないと言われています。

たとえば、仕事中に急に歯が痛くなり、会社周辺の歯医者を探すなら、Googleで「歯医者　神田」といったキーワードで検索し、上から順番にクリックし、歯医者の雰囲気や費用などを比べます。この場合、ほとんどの人が検索結果の1ページ目に表示された歯医者の中から選びます。

求人の場合は少し違います。

たとえば、アルバイトを探しているなら、「アルバイト　神田」といったキーワードで検索します。

仕事を探す場合、働きたい職種や条件はある程度決まっているのが一般的で、「接客が苦手だから、接客業以外でなるべく条件のいいところ」と希望している人ならば、いくら1位に表示させても接客業の求人はクリックされません。

求職者は平均7～8ページ見ると言われているため、無理に上位表示させる必要はありません。掲載させる順位は7～8位でも十分にクリック数を確保することができます。

我々の運用している2５００社以上の実際のデータを分析したところによると、一定の順位までは、平均掲載順位とクリック率には相関関係はみられません。ここが、平均掲載順位を上げれば、クリック率も上がるＧｏｏｇｌｅとの大きな違いです。

クリック単価は競合の状況にもよりますが、いまのところ、募集している企業が少ない職種や競合の少ない地方都市の場合、1クリックあたり50円～1００円が目安です。募集している企業が多い職種や競合の多い都市部では、1００円～2００円が目安です。

平均掲載順位とクリック率の相関関係

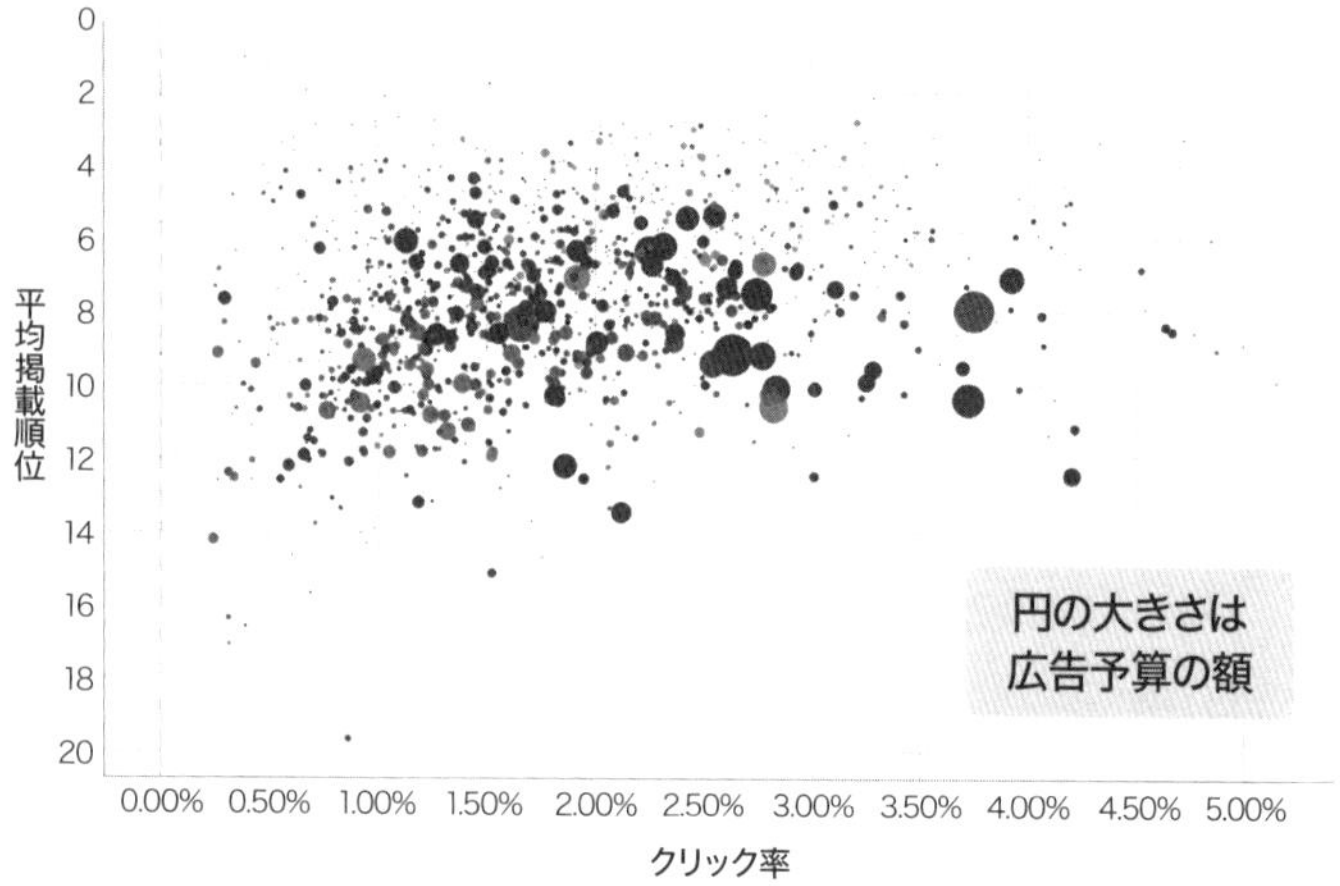

クリック単価の標準値

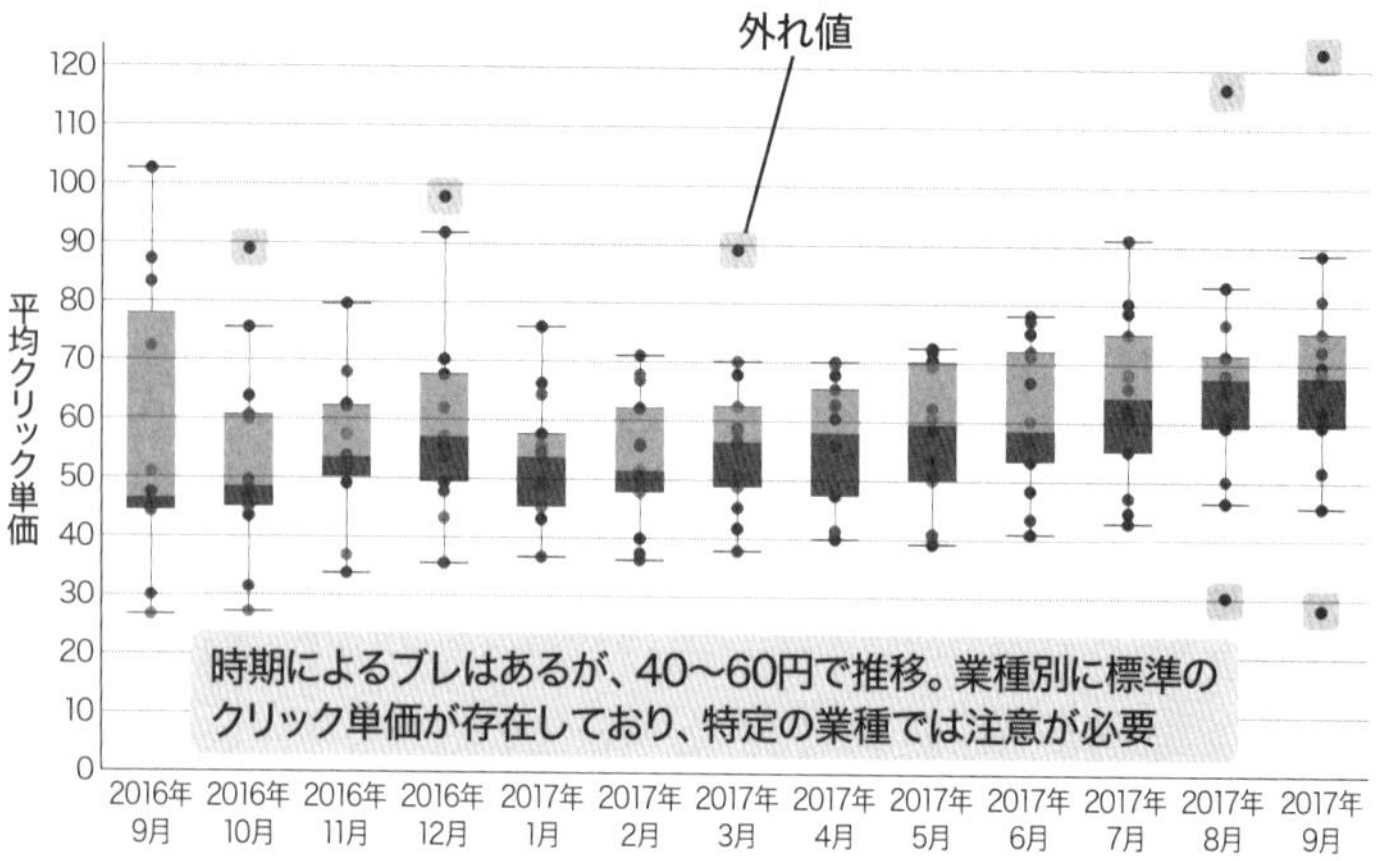

#06

1人当たりの採用コストが計算できる

Ｉｎｄｅｅｄに1ヶ月くらい出稿すれば、大体の数字を押さえることができます。押さえるべき数字は、**クリック数、クリック単価、応募率、採用率**です。

たとえば、

クリック単価：50円／応募率：1％／採用率（採用数÷応募数）：50％

という数字が見えてきた場合、1人採用するために必要な応募数は、

採用数（1人）÷採用率（50％）＝応募数（2人）です。

2人の応募を獲得するために必要なクリック数は、

応募数（2人）÷応募率（1％）＝クリック数（200）

1人当たりの採用コストは

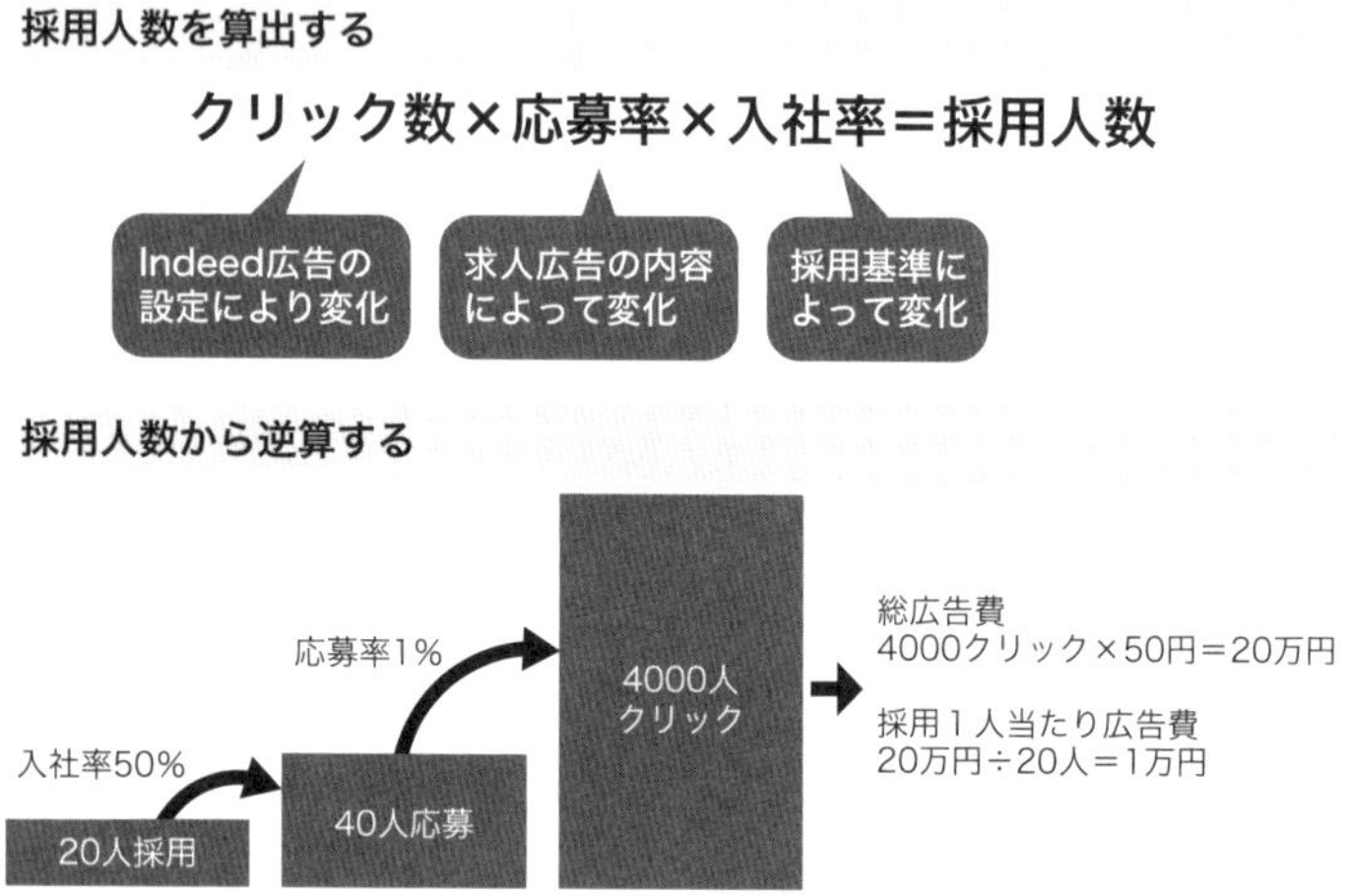

200クリックにかかる費用、つまり1人採用するために必要なコストは

クリック数（200）×クリック単価（50円）＝1人当たり採用コスト（1万円）

と計算することができます。

20人採用したい場合には、1万円×20人＝20万円のコストが必要だとわかります。

#07

アクセス数を増やすには

求人ページへのアクセス数は
検索画面への表示回数×クリック率
と因数分解することができます。
アクセス数を増やすには、検索にヒットする回数を増やすか、検索されてからのクリック率を上げる必要があります。

我々の２５００社以上の運用データの分析によると、一定の順位までは、「表示回数」と「平均掲載順位」に相関関係はみられません。
同様に、応募率と掲載順位にも相関関係はみられません。つまり掲載順位を上げれば、応募が増えるわけではないのです。

つまりクリック単価を上げて、掲載順位を上げ過ぎても広告費が多くかかるだけで、あまり意味がありません。

ただし、平均掲載順位が低すぎるとほとんど表示されなくなります。我々の運用実績では「7・2位」が最も効果が高いという分析結果が出ています（全データの平均なので、業種や地域によって異なります）。

表示回数を増やす効果的な方法は、

・職種や業務内容を細かく分ける
・検索数の多いキーワードを入れる

の2つです。

実際の事例は次々ページの通りです。

平均掲載順位と表示回数の相関関係

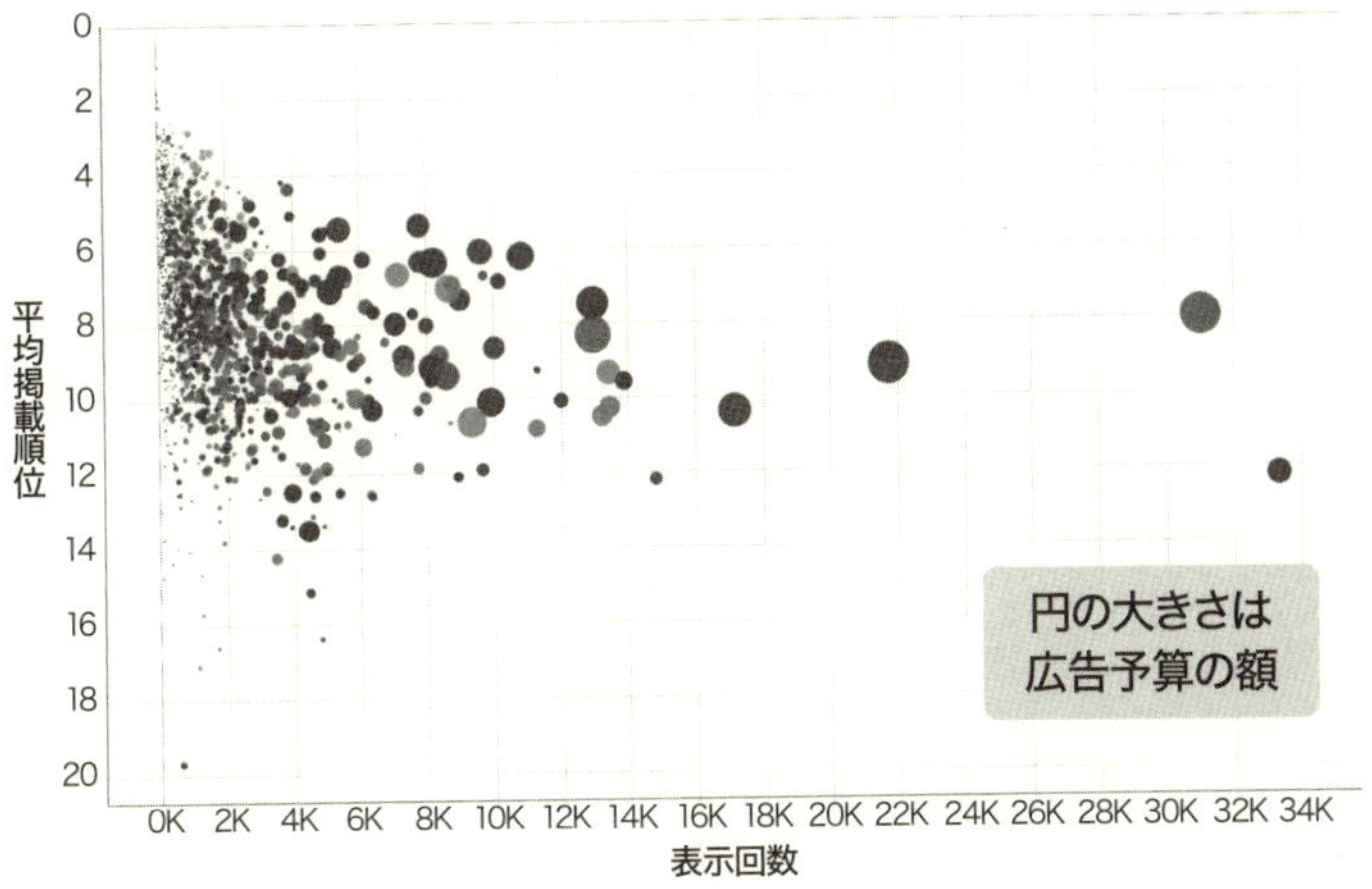

平均掲載順位と応募率の相関関係

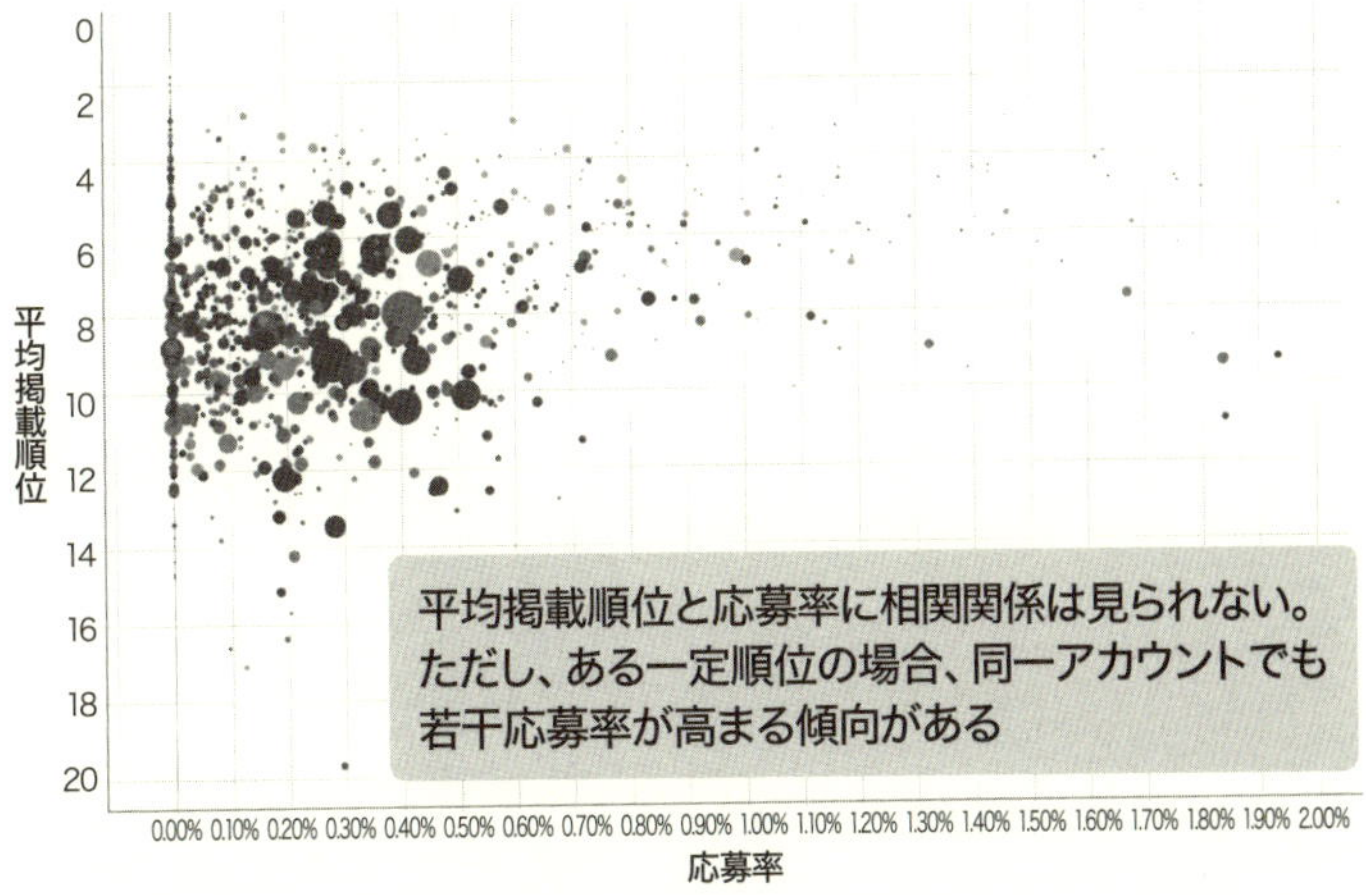

職種、業務を細分化して、表示回数が倍増

表示回数の改善実績

変更前：広告表示回数 **21,358**回／期間 **854**回／日

変更後：広告表示回数 **52,837**回／期間 **2,113**回／日

行なった施策

変更前は「店舗スタッフ」という1職種で募集していました。仕事内容を確認すると、ひと口に店舗スタッフと言っても、「販売スタッフ」「カーアドバイザー」「メカニック」など、さまざまな仕事内容があることがわかりました。仕事内容ごとにページを作成したところ、表示回数が飛躍的に改善されました。

結果

職　　種：自動車のパーツ販売の店舗スタッフ、メカニック
雇用体系：正社員
応募単価：24,300円
応 募 数：22件
採 用 数：２名
掲載日数：25日間

キーワードの工夫で表示回数が３倍以上に

表示回数の改善実績

変更前：広告表示回数 **36,021**回／期間 **818**回／日

変更後：広告表示回数 **116,683**回／期間 **2,651**回／日

行なった施策

変更前は、特にターゲットを定めずに求人ページを作っていました。ところが、20代～ 50 代まで幅広い年齢層の方が活躍されており、フルタイムだけではなく、主婦の方でも働けるようなサポートがあったため、「40 代の主婦が活躍中」など、幅広い人材が活躍できることを求人ページに記載したところ、ターゲットにあった人材の応募が急増しました。

結果

職　　種：大手ハウスクリーニングのＦＣ
雇用体系：パート・アルバイト
応募単価：13,900円
応 募 数：23件
採 用 数：10名
掲載日数：44日間

クリック率を上げるには

Ｉｎｄｅｅｄの検索結果に表示されるのは、

・職種
・企業名
・勤務地
・仕事内容（ＰＣのみ）
・給与
・掲載日数

です。

自社の求人のどの部分がＩｎｄｅｅｄの検索結果に反映されているか確認しましょう。一定のルールはありますが、求人によって多少異なります。

このうち、クリック率に特に影響があるのは、「職種の書き方」「仕事内容の書き方（ＰＣのみ）」「給与の書き方」の３つです。

クリック率は業種や職種によって異なりますが、我々の運用データの平均値は１〜２％です。これよりも悪い場合には、改善を検討する必要があります。

クリック率の標準値

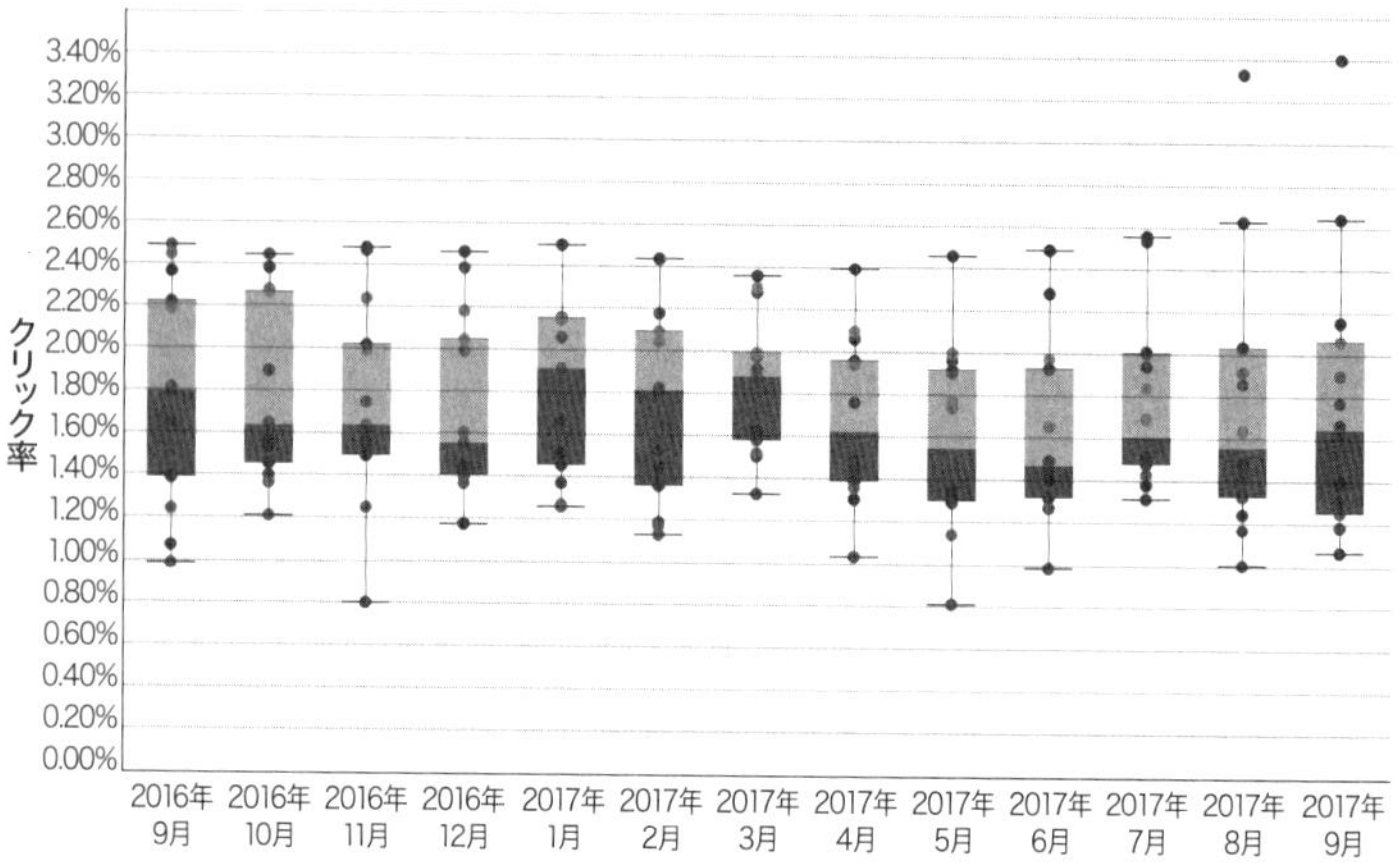

時期によるブレは存在するが、基本的に1.0%～2.0%に分布している。また業種別に標準のクリック率が存在している

スマホ・PCそれぞれの検索結果画面

スマホの検索結果画面

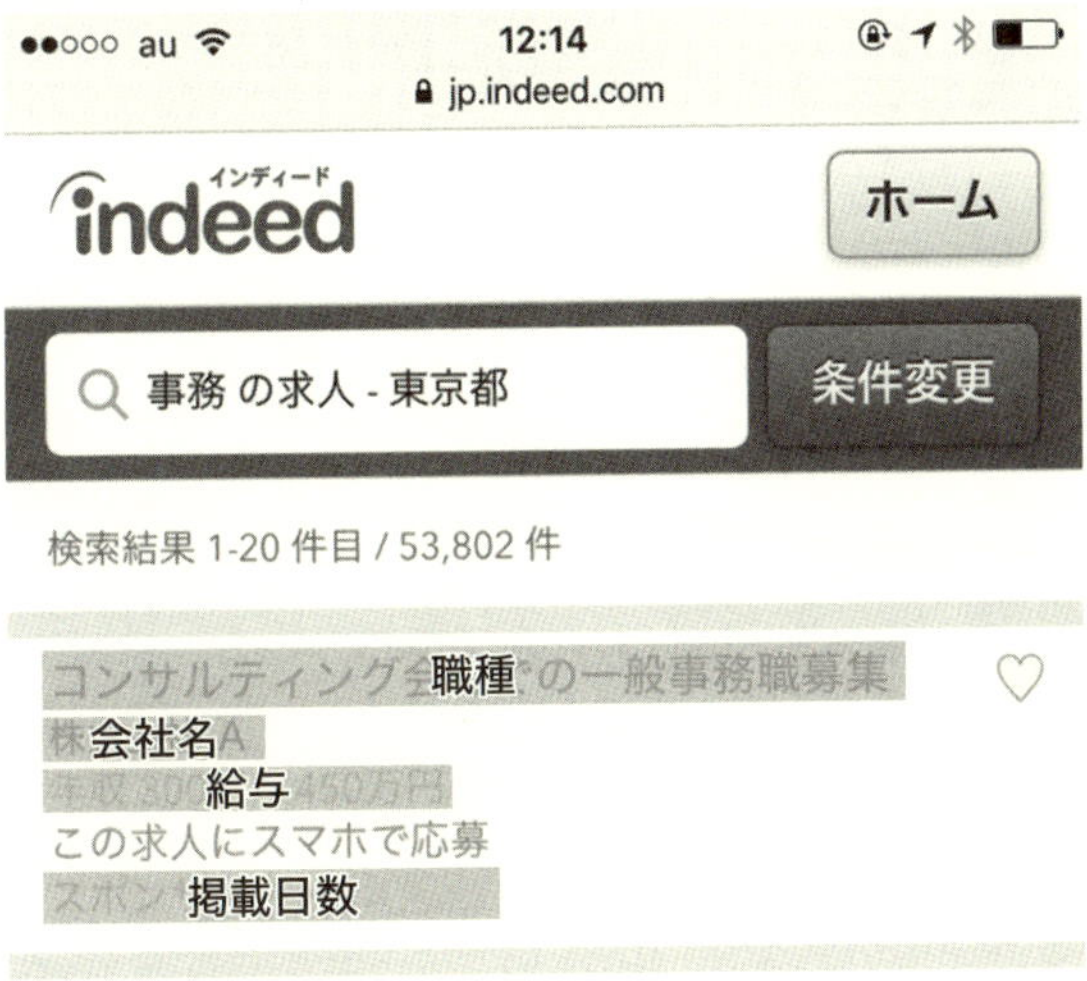

PCの検索結果画面

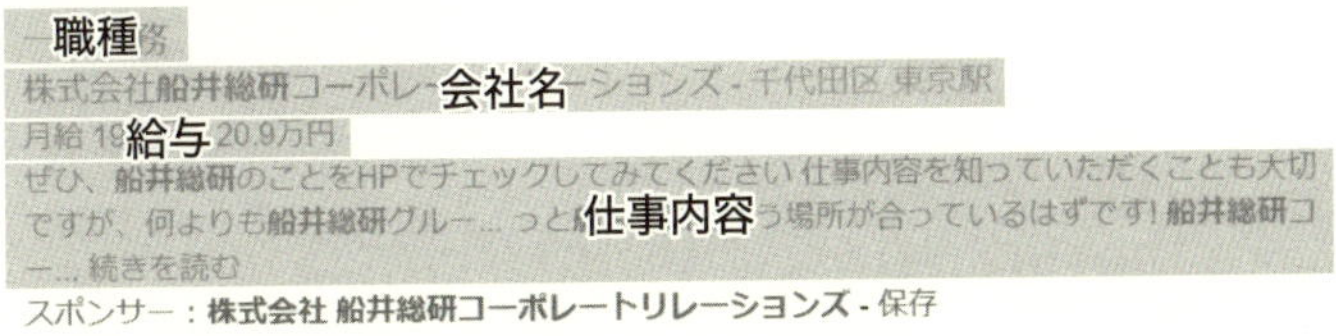

職種の書き方のポイント

「介護職員」と「デイサービスの介護職員（介護福祉士）」ではどちらがイメージしやすいでしょうか？　当然、後者だと思います。クリック率を上げるには、どんな仕事かをイメージできるよう、より具体的な仕事内容を書くことがポイントです。

給与の書き方

Ｉｎｄｅｅｄの検索結果をみると、給与は「月給21万円〜40万円」「時給１２００円〜１５００円」のように、下限だけではなく、上限の給与も表示されるようになっています。

下限の給与しか記載しないと、「下限の給与しかなく、それ以上は上がらない」と思われてしまいます。

勤続年数が長くなったり、対応できる業務範囲が増えたり、スキルが上がったりするのにつれて給与も上がることが多いはずですから、下限だけではなく、上限の給与も記載するようにしましょう。

職種名を変更してクリック率が改善した例

変更のポイント

求職者にとってわかりやすい職種名に変更
- 「PC入力作業中心の」など、具体的な仕事内容を記載
- 働く場所（工場なら「海苔加工工場」など、どんな工場なのか）を具体的に記載
- クリックされやすい文言（有名ブランド）などの追加

クリック率が
１％以上
改善した例も

変更前	変更後
総務事務	PC入力作業中心の総務事務
配膳業務	ホテル内にあるレストランでの配膳・片付け作業
大型ドライバー	4t食品運送トラックドライバー（手積み、手降ろしなし）
工場作業員	海苔加工工場内での計量・袋詰め作業
一般事務	社会保険労務士補助業務（未経験者歓迎）
正社員事務	助成金申請の事務サポート（社会保険労務士の補助業務）
清掃員	成田空港内での清掃作業
倉庫内作業員	倉庫内作業（お花の出荷作業）
検品・出荷作業	有名ブランド商品（洋服・雑貨等）の検品・出荷作業
調理補助	ゴルフ場内にあるレストランでの調理作業
検品・出荷作業	フォークリフトオペレーター/ 倉庫内での入荷作業・ 検品等の作業
工場作業員	化粧品製造工場での検品・サンプル作りの軽作業
販売スタッフ	販売・サービス系（レストランホールスタッフ）
倉庫内作業	有名ブランドシューズの値付け・入出荷・検品等

#08

魅力的な求人原稿で応募率を上げる！　コピーライティング術

応募率は、

応募人数÷求人ページへのアクセス数

で表されます。

応募率を上げるためには、自社の求人情報を求職者に魅力的に伝える必要があります。本章では、魅力的な求人原稿を作るための方法をお伝えします。

職業マッチングと条件マッチング

求職者にとって魅力的な求人原稿を作るためには、まず、求職者のニーズを知る必要があります。

「営業の仕事がしたい」「保育士の仕事がしたい」「介護関連の職種につきたい」「できるだけ時給の高いところで働きたい」「家から近い職場で働きたい」「子育てと両立させたい」など、求職者が求めるニーズはさまざまです。

求職者のニーズは、「この仕事がしたい」というやりたい仕事が決まっている場合と「この条件で働きたい」という条件が決まっている場合の2つに分類できます。

やりたい仕事が決まっている場合の仕事探しを「職業マッチング」、必要な条件が決まっている場合の仕事探しを「条件マッチング」と呼んでいます。

職業マッチングとは

職業マッチングとは、「営業の仕事がしたい」「保育士として働きたい」「居酒屋でキッチンの仕事をしたい」など、やりたい仕事の内容が決まっている場合の仕事探しです。

やりたい仕事が決まっている場合、
・どんな職場なのか
・どんな人と働くのか
・どんなキャリアアップができるのか
・どんな条件なのか
といったことが仕事選びの基準になります。

条件マッチングとは

条件マッチングとは、「少しでも時給のいいアルバイトがしたい」「家から近い職場で働きたい」「子供がまだ小さいので時短勤務で働きたい」など、仕事の内容ではなく、勤務条件で仕事を選ぶことです。条件で仕事を選ぶので、
・給与
・勤務地
・勤務時間／勤務形態

・給与の支払い（日払い可など）
・各種手当
・休暇（長期休暇可）

といったことが仕事選びの基準になります。

職業マッチング型の仕事と条件マッチング型の仕事では訴求すべきポイント（求職者が求めていること）が変わってきます。それぞれの特徴をおさえて、求人を作りましょう。

募集要項の作り方

多くの募集要項は、「仕事内容」「給与」「勤務時間」など、最低限の情報が入った簡単な表を示すだけです。求職者が「ここで働きたい！」とその求人を積極的に選択するには情報が不足しています。

仕事の条件だけではなく、仕事の魅力や職場の風景などが伝わるようにしなければなりません。求人ページの構成は次ページを参考にしてください。

求人ページの構成と募集要項の例

求人ページの構成

職種
メインビジュアル
求人の訴求ポイント
ＰＲ文
仕事内容
求める人材
職場風景
募集要項
勤務先情報
選考の流れ
エントリーフォーム

悪い例

募集要項

仕事内容	経営コンサルティング業務
求める人材	経験者歓迎
勤務地	東京
給与	月給22万5000円以上＋各種手当＋賞与 ●前職の経験・スキルを考慮 ●時間外手当別途支給
勤務時間	9:30〜17:45
休日・休暇	週休2日制（土・日） 年末年始 リフレッシュ休暇 慶弔 有給等
待遇・福利厚生	昇給年1回 賞与年2回 交通費支給/月5万円迄 社保完備

よい例

魅力的な職種名
求人の魅力
ＰＲ文
仕事内容（できるだけ詳細に）
職場がイメージできる写真
募集要項
勤務先情報
応募するには何をすればいいか明確に
できるだけ簡潔なエントリーフォーム
1分！WEB応募
TEL応募
仕事内容
求める人材
職場風景
募集要項
勤務先情報
選考の流れ
1分！簡単応募フォーム
お名前
電話番号

職種の書き方

募集要項の職種は、Ｉｎｄｅｅｄの検索画面のタイトル部分に引用されることが多いので、とても重要です。ぱっとみただけで仕事内容がイメージできるよう、次の点を意識してください。

①具体的な仕事内容をイメージしやすいキーワードを用いる
②応募のハードルを下げるキーワードを用いる
③職種名には記号を多用しない（半角の括弧は可）
④職種名には関係のないキーワードは入れない

悪い例　歯科医院勤務
あと一歩の例　歯科助手、歯科衛生士、歯科受付、歯科事務スタッフ
よい例　歯科受付（電話応対中心）、歯科受付（窓口業務中心）

仕事内容の書き方

仕事内容は、実際に働くイメージが持てるように具体的に書きます。仕事に付随するメリットや不安解消のポイントも盛り込みます。

居酒屋のキッチンスタッフ募集を例に考えてみましょう。キッチンスタッフといっても、職人を求めている場合もあれば、未経験者でもできる場合もあります。

調理業務だけでは、どのレベルの技術が求められるのかわかりません。そんなときに「家でもできる！　とっても簡単な調理」という記載があれば、ハードルはグッと下がります。

仕事内容の記載例①

✕ 悪い例

キッチン内での調理業務。未経験者可。研修あり

○ よい例

オープニングスタッフ大募集♪

・家でもできる！とっても簡単な調理☆
・超丁寧なマニュアル通りの調理機器いじり★
・ラクラク調理補助係♪

人見知りさん大歓迎★

・内職感覚でお仕事できる☆
・モニターや体験入店もできます♪
・笑顔や元気があればＯＫ♪
（なくてもできるので気にせずＯＫ！ 笑）

未経験の方も年齢の近い方が丁寧に教えますので
ご安心くださいネ♪

仕事内容の記載例②

✕ 悪い例

大型ドライバー運転手
・食品輸送 など

〇 よい例

・10tトラックのドライバーのお仕事です
・食品の運送を行なうお仕事です
手積み手降ろしありません！
☆20代から50代まで幅広い世代の方が働く
従業員の仲がいい職場です♪

✕ 悪い例

工場での検査業務です

〇 よい例

お菓子を作る工場での検査のお仕事です！
スキルや経験は必要なし！
じーっと見るだけ！

給与・賞与の書き方例

月給22万5000円以上＋各種手当＋賞与
前職の経験・スキルを考慮
時間外手当別途支給

年収例

- 1029万円／月額44万円（月給35万円＋各種手当）＋賞与／入社４年目／30歳代前半
- 897万円／月額43万円（月給35万円＋各種手当）＋賞与／入社３年目／30歳代前半

給与・賞与の書き方

76ページの「クリック率を上げるための給与の書き方」でもご紹介したように、給与については、下限の給与しか記載していない企業が多いですが、下限の給与しか掲載しないと「それ以上給与の上がらない仕事」と思われてしまうこともあるので、上限の給与についても記載するようにしましょう。

営業職のように、実績次第で大幅な収入アップが見込める仕事の場合には、実際の社員の事例を記載しましょう。

また、「週払い」「日払い」など給与を柔軟に支給できる場合には、それも大きなメリットになります。次の点に配慮して記載してください。

①給与体系を明確にする（固定給、時間給等）
②もっとも金額が高く見える表現で表記する（年収、月給、日給、時給等）
③下限の給与だけでなく上限給与を表記する
④「週払い」「日払い」に対応している場合は必ず明記する

休日の書き方

給与の条件以上に、休日を重視する求職者も増えています。休日についても、適切な表現で具体的に記載してください。

悪い例

①週休２日制

②年末年始休暇有
③休日要応相談

よい例

①完全土日祝休み（年間休日120日）
②年末年始休暇有（12月28日〜1月3日）
③学校行事、介護等の家庭のご事情がある場合など、臨機応変に対応いたします

応募資格の書き方

スキルの高い人、同業界での経験者、必要資格の保有者など、できるだけスペックの高い人材がほしいのはどの企業も同じことです。とはいえ、人手不足の現在では、自社が100％求める資格を持っている人にはなかなか出会えません。「必須資格」と「歓迎資格」に分けて記載し、ハードルを下げることを心がけましょう。

応募資格の書き方

×悪い例

■必須事項:なし(無資格可)

■歓迎スキル
・経験者優遇

■身なり等
・制服貸出
・爪、髪色、アクセサリー、
　規定あり

○よい例

【歓迎スキル】
・運転が好きな方大歓迎！

【このような方もぜひ！】
・未経験者の方も大歓迎
・子育てママさんの方
・託児所ありの職場を
　お探しの方
・パート(非常勤)でお仕事を
　お探しの方

《制服貸出あり》
・出勤は私服でＯＫ

応募フォームの作り方

求職者の8割がスマートフォンで仕事を探す時代です。

スマートフォンで文字を入力するのは、パソコンで文字を入力するよりも面倒でストレスがかかるため、応募フォームの入力項目は1つでも減らすことをお勧めします。

せっかく魅力的な求人原稿を作っても、応募フォームの入力項目が多すぎると、求職者はそこで離脱してしまいます。

郵便番号や住所、学歴、職歴など、たくさんの項目を入力させるフォームをよくみかけますが、応募の段階では必要ありません。必要最低限の情報だけ入力してもらえればよく、名前と電話番号だけで十分と言えます。

千葉県のある人材派遣・紹介会社は、応募フォームを次のように必要最低限の項目に絞ったことで、応募率が1・42倍に上がりました。

もともと項目を絞っていたとしても、それをさらにの名前と電話番号だけにすると、応募率が上がることが多いです。ぱっと見たときの印象が大きく変わります。

応募フォームの改善例

変更前

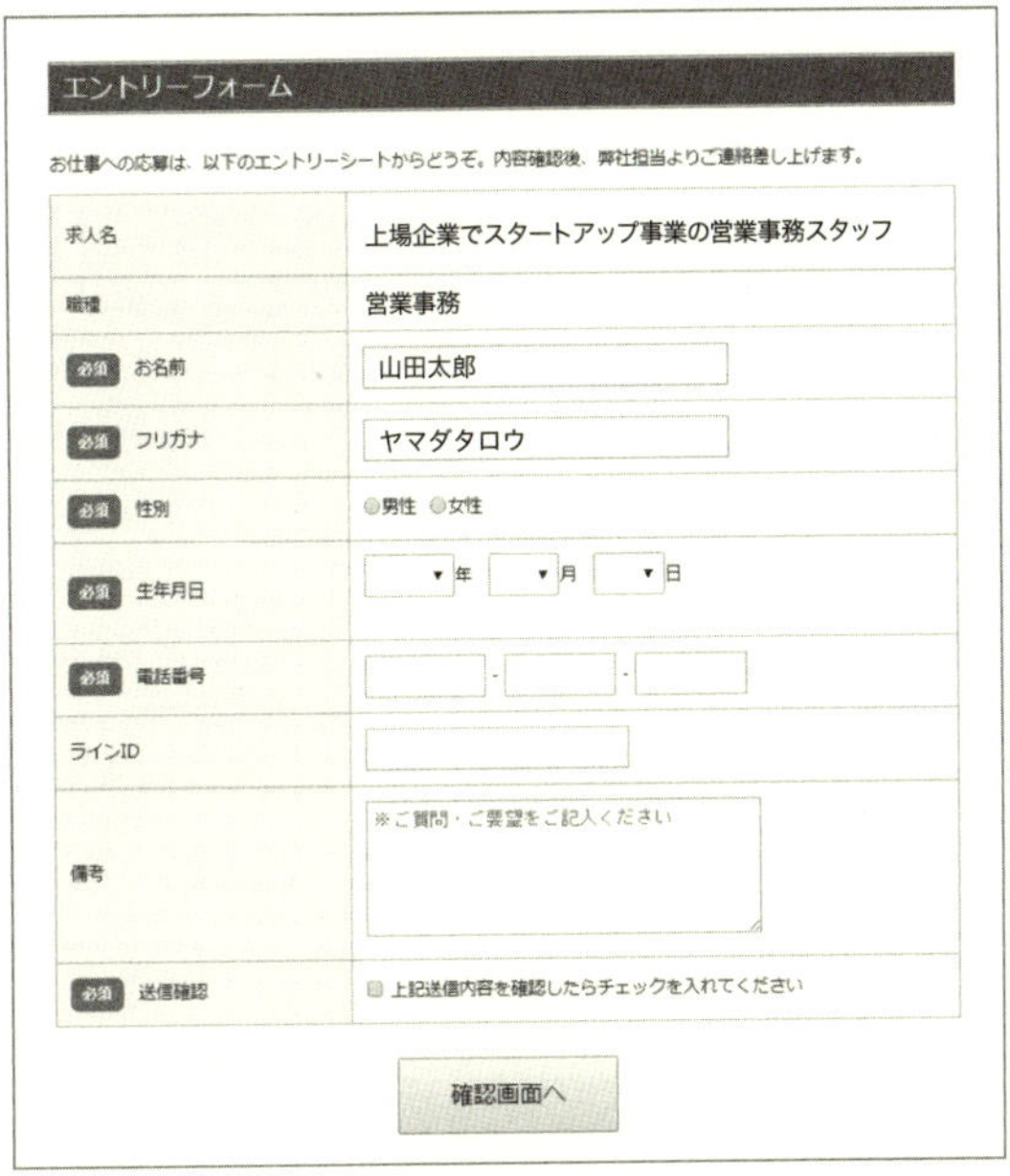
エントリーフォーム
お仕事への応募は、以下のエントリーシートからどうぞ。内容確認後、弊社担当よりご連絡差し上げます。
求人名
上場企業でスタートアップ事業の営業事務スタッフ
職種
営業事務
必須 お名前
山田太郎
必須 フリガナ
ヤマダタロウ
必須 性別
男性 女性
必須 生年月日
年 月 日
必須 電話番号
ラインID
備考
※ご質問・ご要望をご記入ください
必須 送信確認
上記送信内容を確認したらチェックを入れてください
確認画面へ

変更後

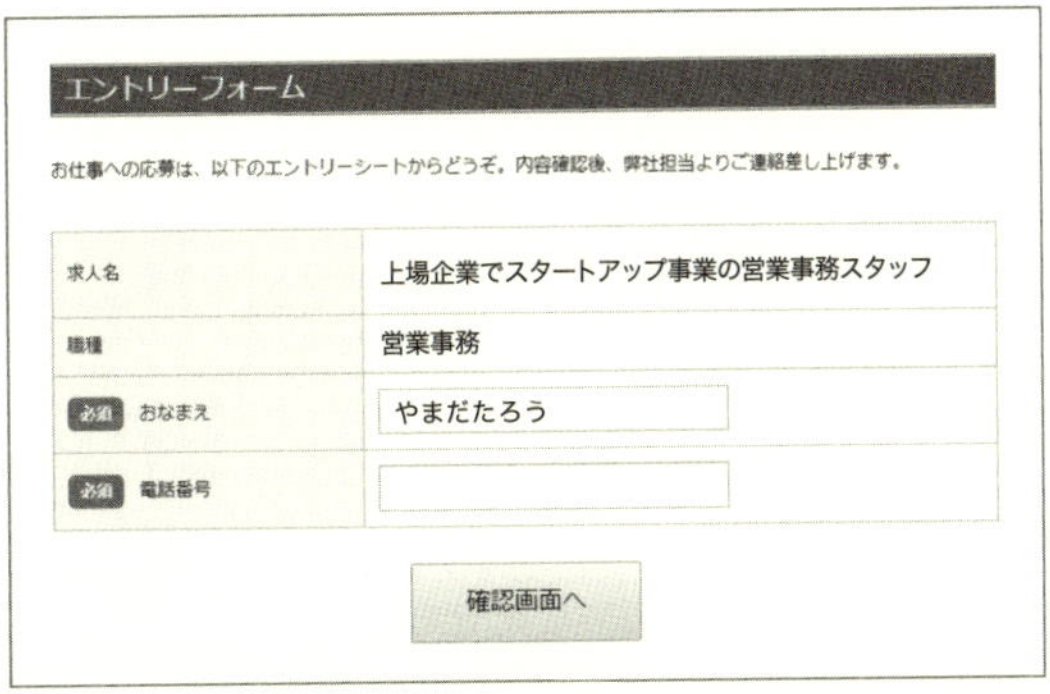
エントリーフォーム
お仕事への応募は、以下のエントリーシートからどうぞ。内容確認後、弊社担当よりご連絡差し上げます。
求人名
上場企業でスタートアップ事業の営業事務スタッフ
職種
営業事務
必須 おなまえ
やまだたろう
必須 電話番号
確認画面へ

4章

実践！ ダイレクト・リクルーティング

②リアルフェーズ 面接誘導編

#01

レスポンス命！ エントリー後の対応のすべて

多くの経営者や採用担当者の方々から採用に関する相談を受けていると、「最近の登録者は質が低い」という声をよく耳にします。

理由を詳しく聞くと、「電話をかけても出ない」「メールをしても返信がない」「ドタキャンが多い」の3つが挙がります。

この手の問題は、実は求職者側ではなく、企業側の対応に問題があることがほとんどです。左のチェック項目に、いくつチェックがつくでしょうか。

エントリーメール確認後5分以内TELの徹底

リアルフェーズにおいて最重要と言っても過言ではないのが、**エントリー後すぐの**

エントリー初期対応チェック

- □ エントリーが入ったら5分以内に電話連絡をしている
- □ 電話に出なかった場合、留守番電話に録音を残している
- □ 電話に出なかった場合、SMS（ショートメール）で連絡を入れている
- □ 固定電話からだけでなく、社用携帯等からも発信している

電話対応です。我々が日々コンサルティングで顧問先に指導する際は、とにかく、これを徹底していただくようお伝えしています。今すぐこの取り組みを徹底するだけで、採用力は確実に向上します。

求職者は、Webサイトでエントリー（応募）ボタンを押した瞬間が、最も求人に対する熱の高い状況です。昨今は、多くのユーザーがスマホ経由で仕事を探すこともあり、エントリーした直後、つまり、まだスマホを操作しているであろうタイミングに電話をかけることが、求職者とコンタクトを取

る最も有効な手段となります。

固定電話からだけでなく、あらゆる手段で連絡を試みる

多くの企業は、会社や店舗の固定電話から応募者に連絡を入れ、相手が出なければ折り返しの電話を待つのみというケースがほとんどです。ただ、これだけ人手不足の時代にこの対応で終えてしまっては、なかなか採用につながりません。

まず、エントリーから5分以内に固定電話からかけてみます。そこで電話に出なかったら、留守番電話にメッセージ（伝え方は次頁参照）を残します。

その後、少し時間をおいて、社用の携帯電話からかけます。そこで電話に出なかった場合は、留守番電話にメッセージを残さないのがポイントです。

すると、「誰か知り合いでは？」「宅配便のドライバーさん？」などと考え、固定電話以上に、折り返してもらえる可能性が高くなります。

EメールではなくSMSが効く理由

固定電話・携帯電話ともに出なかった場合は、ＳＭＳ（ショートメール）を送ります。ＳＭＳは携帯電話番号同士で送れるメールで、１００％届くという点が大きな強みです。

これまで一般的に使われていた携帯電話のメールは、各携帯電話キャリア（ソフトバンク、ａｕ、ドコモ等）が設定している迷惑メールフィルターにより、企業側がＰＣメールから送ったメールが、求職者のメールフォルダーに届く前に、ブロックされてしまうことが多くなっています。

それに加えて、ラインやカカオトーク等、メールに代わるコミュニケーションアプリの浸透により、携帯電話メールの利用機会が激減していることも手伝って、ＳＭＳの重要性が高まっています。

エントリー対応の手順

① 5分以内に固定電話からかける

➡ 出ない場合は、留守電に録音を残す

② 10〜15分ほど後に、社用携帯電話からかける

➡ 出ない場合は、留守電に録音を“残さない”

③ 60分ほど後に、SMS（ショートメール）を送信

➡ Eメールはキャリアごとの迷惑メールフィルターにかかるためNG

④ その後も連絡が取れない場合は、①〜③を繰り返す

⬇

貴重なエントリーをしっかりと採用につなげるために、
工夫してコンタクトを取りましょう！

断る理由をなくす応答力

ここまで「いかにコンタクトを取るか」についてお伝えしてきましたが、ここからは「コンタクトが取れた求職者への対応方法」についてお伝えします。

求職者が、自社のみを志望してエントリーしてくれている可能性は低いです。そのため、常に複数の企業と並行して仕事探しをしているということを念頭に置いて、対応することが大切です。

まず心がけるべきことは、直接会う（面接に来てもらう）ことです。そこに至るまでの「断る理由」をいかに取り除けるかがポイントです。

求職者の断る理由となるものは、①面接場所、②履歴書・職務経歴書、③証明写真、④印鑑・免許証等のその他持参物の4つにほぼ集約されます。

就職や転職を頻繁にする人は稀で、多くの人ははじめて、もしくは久しぶりの活動となります。その際、履歴書の書き方を調べながら、新しい証明写真を撮影しに行き、決められた日時に決められた場所まで行って面接を受けるということは、特に在職中の人は既存の仕事との兼ね合いでなかなかスムーズに進めることができません。いつの間にか約束の日が近くなり、間に合わないのでドタキャンをする、こうしたことがしばしば起こります。

以下に、採用力の高い企業が取り組んでいることをお伝えします。

履歴書や職務経歴書は、持ち合わせがなければ不要（手ぶらでＯＫ）と伝える

正社員もパート・アルバイトも、面接する目的は、求職者と対面で会って話をすることです。そのため、最初のハードルをいかに低く設定できるかがポイントです。最初の大きなハードルは、履歴書や職務経歴書という、用意する手間のかかる書類です。これらの持参を不要とすることで、求職者が会うこと（面接参加）に対して抵抗を感じづらくなります。

特にパート・アルバイトは正社員ほど熱心に取り組んでいないことがほとんどなので、エントリー後すぐに、面倒な準備なしで面接まで誘導するという考えは重要です。

今日、明日という近々の面接（面談）日程を設定する

求職者のモチベーションが最も高いのは、求人にエントリーしたその瞬間です。その瞬間から徐々にモチベーションは下降していくものと考えてください。その際、最も重要となるのは、面接（面談）をエントリー日から近い日程で設定することです。

特にパート・アルバイトは、日数が経過するにつれてキャンセル率が大幅に高まる傾向にあるため、注意が必要です。

加えて、正社員の中途採用の場合、「面接」という「選考の場」ではなく、「カジュアルにお互いを知る場」としての「面談」という形式を採用し、自社への志望度合いがあまり高くない求職者のフォローなどを試みる企業も増えてきています。

とにかく、せっかく縁の合った求職者をいかに次の段階へと昇華させるかを考える際に、まずは会ってみる、ということにプライオリティーを置いて対応することが大切です。

1日で複数の選考を行なう

正社員の中途採用の場合、一次選考、二次選考、最終選考と複数日程に分けて面接

面接につなげるために知っておくべきこと

断る理由

・履歴書 / 職務経歴書を作る時間がない
・証明写真を撮る時間がない
・日数経過によるモチベーション低下
・エントリーはしたが、志望度はあまり高くない

つなげる手段

・履歴書など事前準備物の持参を絶対条件にしない
・面接はエントリーからなるべく早めに設定する
・志望度が高くない求職者（中途正社員）には、
面談というカジュアルな場を設ける

を行なうことが通例でしたが、昨今は獲得競争が激しいため、選考と選考の間に、他の会社から内定が出て、そちらの企業への入社を決めてしまうことも多くなりました。そのため、1日で複数の選考を進められるよう、各階級の役職者が対応できる準備を整えている企業も増えています。

各社さまざまな工夫を重ねながら、自社に応募をしてくれた求職者を取り逃がさないために、求職者が面接を「断る理由」を徹底的に排除し、しっかりと次の段階へと「つなげる手段」を駆使しています。

絶対にNOと言わせないクローズド・クエスチョンの作り方

これまでにお伝えした考え方に加え、電話におけるトークのテクニックも紹介しましょう。

質問には「オープン・クエスチョン」と「クローズド・クエスチョン」の2つがあります。

オープン・クエスチョンとは、「今晩、何が食べたい？」など、質問に対して自由に回答できる質問のことを指します。

一方、クローズド・クエスチョンとは、「今晩、カレーとハンバーグのどっちを食べたい？」など、選択肢を与え、回答者が与えられた候補の中から選択するという質問です。

これを面接誘導の際の電話に置き換えてみましょう。

「詳細をお話ししたいので、面接にお越しいただけますか？」というオープン・クエスチョンの場合、「今は忙しいので、また連絡します」といったNOの回答が可能です。

採用に限った話ではないものの、交渉ごとで自分がイニシアティブを握るためには、NOの選択肢を与えないという考え方が重要です。

さきほどの質問をクローズド・クエスチョンに置き換えると、「ぜひ詳細なお話をさせていただきたいのですが、来週の金曜日と土曜日でしたら、どちらのほうがご都合よろしいでしょうか」となります。

選択肢を与えることで、「会うこと」は大前提となり、「いつ会うのか」という質問へと進むため、面接に誘導するという目標を達成しやすくなります。

心理ハードルを下げる面接誘導マニュアル

最後に、心理学を用いて求職者のマインドを育てる方法をお伝えします。

ラベリングとは、１９６０年代に社会学者ハワード・ベッカーが提唱した心理理論です。ラベリングは相手に対して、「あなたって○○な人だよね」とラベルを貼るように言って聞かせると、多少事実と乖離があったとしても、その人の前ではラベルに貼られた人間であろうと行動をとるようになる、という理論です。

たとえば「○○さんは、電話で話しているだけで誠実な人であることが伝わってきますよ」と言うと、相手は「誠実な人」であろうとすることから、面接に来る可能性が高まるのです。

なるべくポジティブなラベルを貼ることが、相手にとっても自分にとっても、いい影響を与えるとともに、いい関係を作るといって間違いないでしょう。

#02

面接ドタキャンを仕組みで防止する

可能な限り当日 or 翌日に初回面接を設定する

やっとの思いで応募が入った、と安心するのはまだ早く、面接に来てもらうまで気を抜くことはできません。

特にアルバイトの面接で多いのが、面接当日に雨が降っていて、「面倒だからドタキャン」といった行動を取るケースです。

求職者の意欲が最も高いタイミングは、間違いなく、エントリーボタンを押して、求人に応募したその瞬間です。そこから時間が経てば経つほど、求人への熱は冷めていきます。

そのため、面接誘導率を高めるために最も重要なのは、**応募日から面接日までの日数をなるべく空けないこと**です。極論すれば、「今日、この後もし時間があればお越しいただけませんか？ 履歴書や証明写真は面接後で結構ですので」と伝えるくらい、1つひとつのエントリーを大切に、求職者と会うことに執着してください。

面接日をエントリー当日や翌日に設定できるのは、決してアルバイトだけではありません。

正社員の中途採用に積極的に取り組んでいる急成長ベンチャー企業では、「本日何時にお仕事終わりますか？ 夕方会えませんか？ 面談という形で顔合わせだけでも」と当日会社に招き、「○○さんは非常に優秀な方なので、このまま弊社の役員にも会っていただきたいので、少々お待ちください」と役員面接まで終えて、当日内定を出す、というほど求職者ファーストで採用側の日程を調整している事例もあるくらいです。

人手不足の昨今においては、職種や雇用形態を問わず、貴重な求職者を獲得するために、スピードを最優先して面接日程を調整することは、採用成功のための最重要ポイントです。

面接日程が空いた際のリマインドの連絡が必ず〝2日前〟の理由

面接日程はなるべく早めに組むことが大前提ですが、求人の応募から面接まである程度の時間が経過してしまう場合には、リマインド連絡を入れることが大切です。

新卒採用を行なっている会社では当然のようにされていると思いますが、リマインドの連絡は2日前に行なうことが常識になっています。

前日だと、連絡がつかなかった場合、来てくれるかどうか確認が取れていない中で当日を迎えなければなりませんが、2日前なら、仮にその日に連絡が取れなかったとしても、翌日再度連絡することができ、つながる可能性が格段に上がります。

連絡手段の工夫も大切です。

新卒採用では電話連絡がメインとなるのに対して、中途の場合は日中に電話に出られないことがほとんどですし、アルバイトの場合、電話リマインドだと重たく感じられ、気持ちが離れる可能性も否めません。

このため、属性ごとに最適な手段を選択することが大切です。

アルバイトであれば、エントリー時にラインＩＤを確認し、ラインでリマインド連絡。中途正社員なら、Ｅメールでのリマインドに加え、携帯電話番号宛にＳＭＳでリマインド連絡を行なうのも有効です。

せっかくＷｅｂでエントリーを獲得できたとしても、その後、面接日の設定ができなければ意味がありませんし、面接日を設定しても、当日来てもらえなければ意味がありません。

目的は、よりよい人をたくさん採用することです。そのためには1つひとつの応募を大切に、1人でも多く面接の場に来てもらえるよう、努力する必要があります。

Column

ポテンシャルワーカーの活用
眠れる「主婦の力」をいかに引き出せるか

生産年齢人口が激減する中で、最も労働力として期待されているのは主婦です。左のグラフは、リクルートジョブズが子供を持つ2189名の既婚女性を対象にしたアンケートの結果です。

実に主婦の99・5％が「働きたい」と回答しています。これには、単純に働きたいというポジティブな理由のものと、働かざるを得ないという今の日本の低所得世帯増加という時代背景ならではの要素も含まれています。

先進国35ヶ国が加盟するOECD（経済協力開発機構）が発表した報告書によると、日本の労働市場において、賃金や労働参加率を含めた上での男女平等が実現すれば、今後20年程度で日本のGDPは20％近く増加すると予測されています。それゆえに、日本も国として最重要成長戦略のひとつとして、待機児童問題の解消に躍起になりますし、それは停滞基調が続いた日本のGDPを急激に押し上げることにつながります。

主婦の99.5%が働きたいと回答

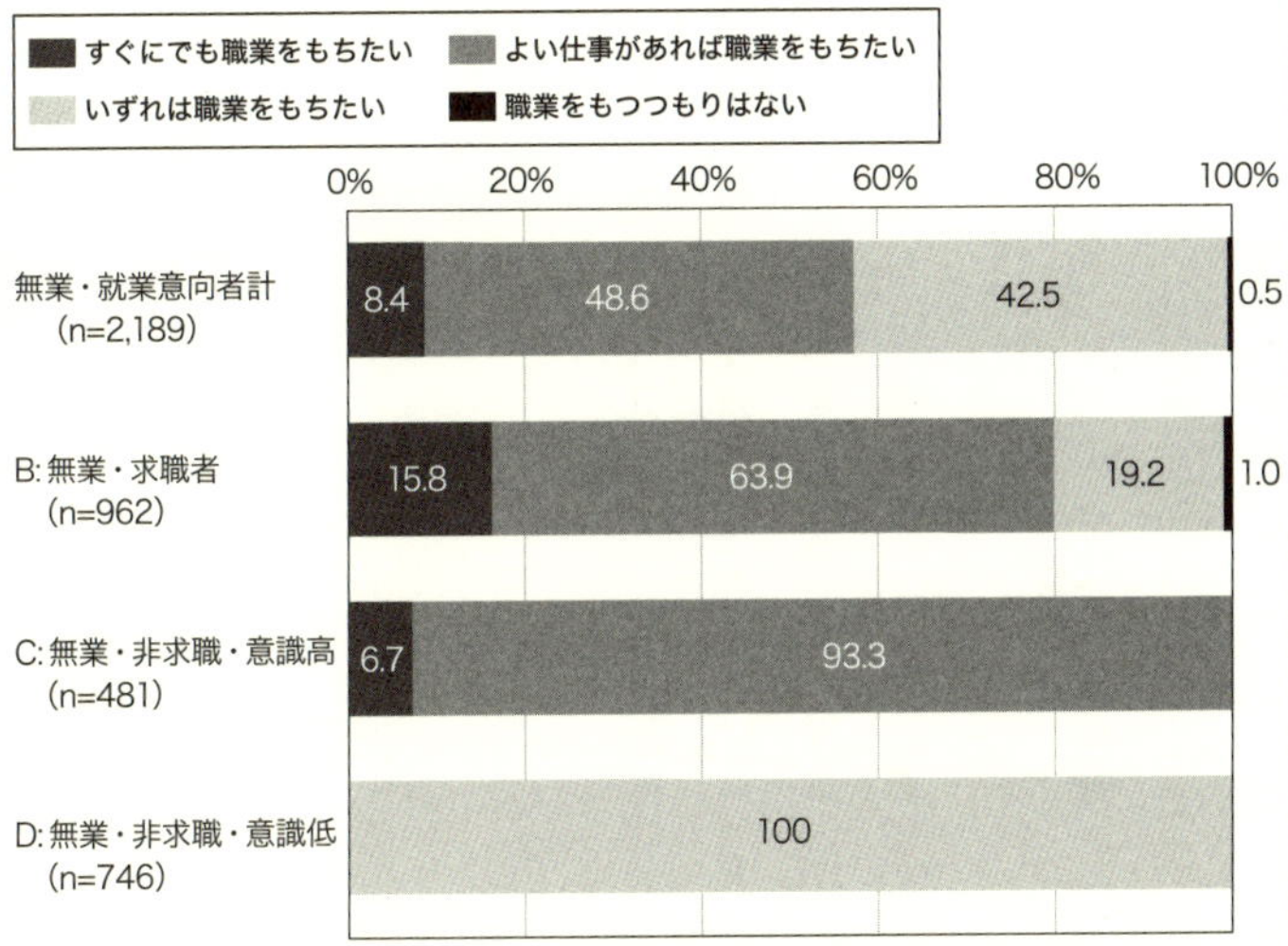

出典：株式会社リクルートジョブズ「主婦の就業に関する1万人調査」

加えて、IMF（国際通貨基金）は、「日本は女性の労働参加をG7並みに引き上げれば、GDPは恒久的に4％増加し、北欧並みに引き上げれば、さらに4％増加する」と発表しており、海外からも日本の労働市場において、女性の活躍が重要であることが伝えられています。

ほかにも世界を代表する金融機関であるゴールドマンサックスは、「日本の女性の就業率が男性並みに上昇すれば、820万人が労働人口に加わり、日本のGDPを最大で15％押し上げる可能性がある」と発表しています。

日本国内でも、内閣府主催の男女共同参画会議で「３４２万人の女性の潜在労働力（就業希望者）の就労により、雇用者報酬総額が７兆円程度増加」というデータも発表されています。

これらのリリースから、子供を抱える主婦層の労働市場への参入がキモとなることがわかります。

左上の表は、独立行政法人労働政策研究・研修機構が実施したアンケート結果です。働きたいはずの主婦が働けないのはなぜかという問いに対し、保育対象年齢（6歳未満）の子供を持つ女性の75％が「保育の手だてがない」と回答しています。働きたい主婦にとって、待機児童をはじめとする保育課題がいかに大きな障壁となっているかがわかります。

左下のグラフはちょっと違った角度から、そもそもなぜ保育園を利用したいのか、という質問への回答です。

「子どもの成長や発達のため」という回答が多いと思いきや、圧倒的な割合で「保護

主婦が働けない理由は

	等価可処分所得<125万円	等価税込所得<148.5万円
子どもの保育の手だてがない	62.1%	51.9%
（うち、6歳未満児童のいる世帯に限定した場合）	76.5%	75.0%
時間について条件の合う仕事がない	41.4%	30.8%
家族の介護をしなければならない	6.9%	5.8%
自分の年齢に合う仕事がない	6.9%	7.7%
収入について条件の合う仕事がない	3.5%	7.7%
知識・経験を生かせる仕事がない	—	1.9%
家庭内の問題を抱えている	—	9.6%

出典：独立行政法人 労働政策研究・研修機構

保育園を利用する目的は

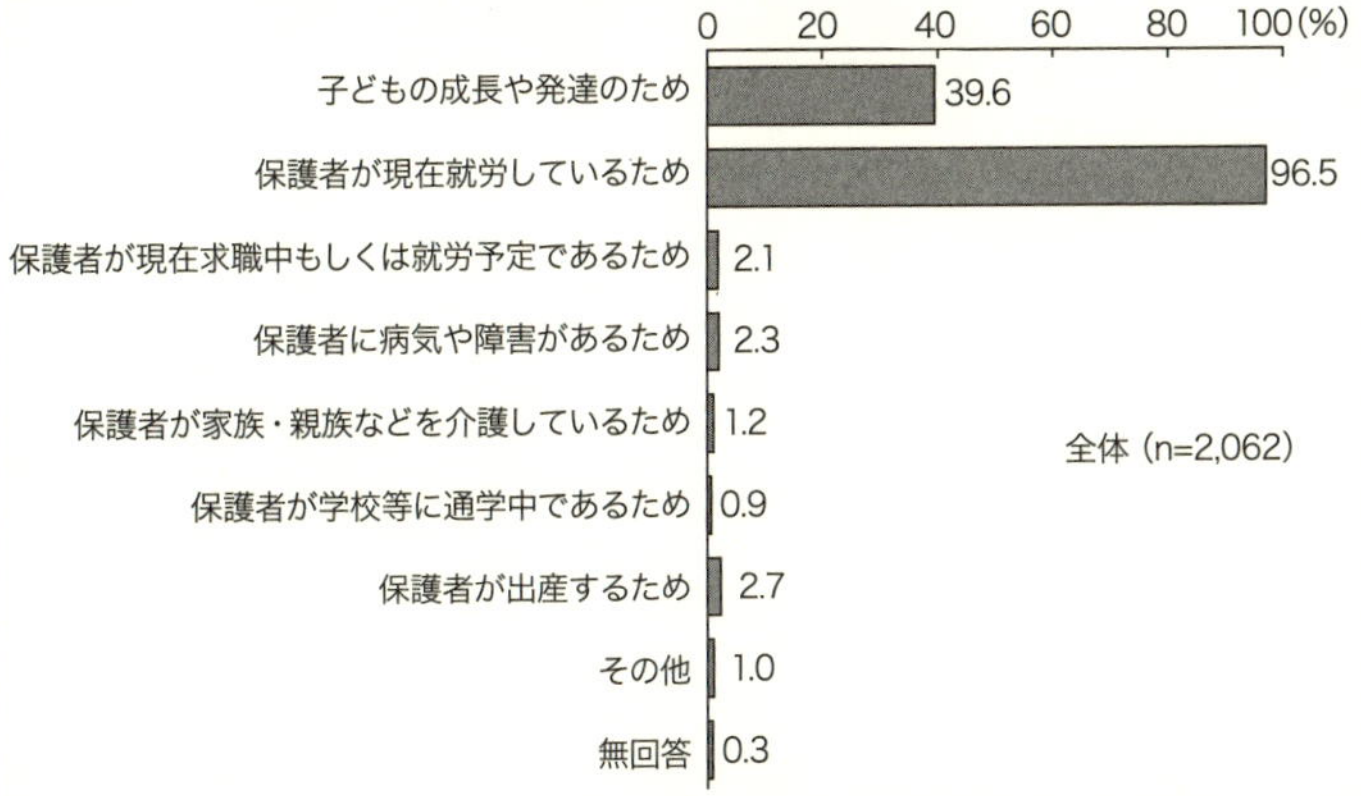

出典：保育サービス利用者アンケート調査―世田谷区

者が現在就労しているため」、つまり「保育園は親が働くために利用する」という回答が96・5％に上りました。

これらのアンケート結果からわかること、それは、主婦は働きたいけれども働けない、なぜならば、子供を保育園に入れられないから。つまりは、保育園さえあれば、喜んで働くということです。

小さな子供を持つ主婦層にとって、最も重要と言っても過言ではない課題が保育です。その保育機能を採用や定着に活かしている事例があります。

内閣府が旗振り役となって推進している「企業主導型保育事業」という助成金制度が、平成28・29年度の2年にわたり、待機児童解消の目玉施策として展開されています。この助成金は、保育園を作るまでにかかる工事費等の助成金対象経費の最大75％まで国が負担してくれるのと同時に、その後の運営に際しても、非常に手厚い助成金が交付されます。仮に、保育園を利用する従業員に0円で利用させたとしても、助成金のみで収支が合うほどの手厚さです。

企業主導型保育事業のチラシ

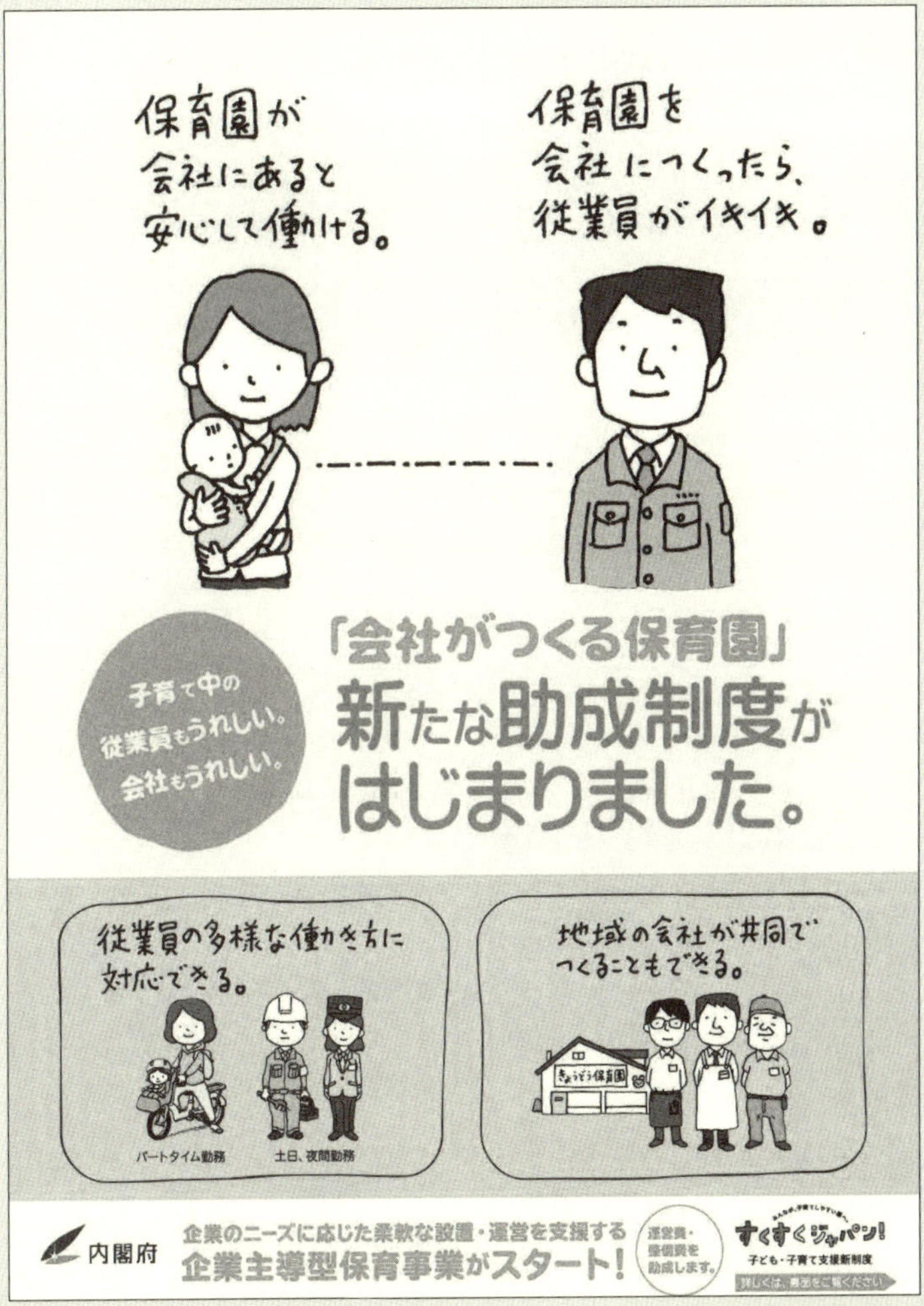

企業主導型保育事業助成金の内容

❶ 保育園を立ち上げる諸経費（施工費等）に **最大75%**助成金が出る！

イニシャルコスト

❷ 子供を預かるだけで毎月**助成金**が出る！

ランニングコスト

年齢区分	月額支給助成額（子供1人当たり）
4歳以上	185,010円
3歳児	194,700円
1～2歳児	266,690円
乳児	364,540円

※20/100地域　13時間/日開所
　6～12人定員の場合

❸ 家賃も実質**0円**？ 定員に応じて賃料補助も手厚く助成！

賃借料加算（1事業あたり年額）

定員区分	加算額（上限額）
6～12人	2,282,000円
13～19人	3,838,000円
20～30人	3,986,000円
31～40人	4,724,000円
41～50人	5,315,000円
51～60人	5,315,000円
61人～	5,374,000円

❹ 派遣会社のため？ **非正規労働者**受入推進加算！

非正規労働者受入推進加算（1事業所当たり月額）

非正規受入定員区分	基準額
1人	8,000円
2人	16,000円
3人	24,000円
4人	32,000円
5人	40,000円
6人	48,000円
7人	55,000円
8人	63,000円
9人	71,000円
10人以上	79,000円

❺ ここまで出るの！？ その他加算いろいろ

- 延長保育加算

- 夜間保育加算

- 病児保育加算

- 預かりサービス加算

- 連携推進加算

5章

実践！ダイレクト・リクルーティング ③リアルフェーズ 面接当日～内定連絡編

#01

〃選ぶ立場〃と思ったら大間違い！求職者も我々を選んでいる！

人余りの時代であれば、「採用してやろう」というスタンスでも通用したかもしれませんが、人手不足の今は、対等どころか求職者のほうが強い立場にあります。

言葉や態度、職場の環境も含めて、すべてを求職者から見定められていることを認識して、採用姿勢を整える必要があります。

働くまでは〃お客様〃対応を徹底する

絶対禁止！　タメロ・君づけ

働くまでは、年齢が下であろうと、経験が浅かろうと、上下関係はなく、対等な立場です。

アルバイト採用の現場でよく散見される「君づけ」と「タメ口」は、優秀な人材ほど拒絶反応を示し、たったひと言でその会社を辞退するきっかけになりうる要素です。採用し、働きはじめるまでは、あくまでもお客様、ということを忘れずに対応することが大切です。

そして何より、採用に至らなかった場合でも、会社のファンであり、重要なお客様になりうる存在ということを忘れてはいけません。

面接前後もしっかり見られている！

面接官でない社員こそ求職者から〝審査〟されている

求職者は、面接官とのやり取りだけなく、直接関わることのない社員の振る舞いや表情までしっかりと見ています。

来社時に対応するスタッフの言葉遣い、エレベーター内での社員同士の会話、それらから求職者はその会社の雰囲気を感じ取り、自分に合うかどうかを見定めています。

採用は、決して採用担当者や決裁権者だけで行なうものではありません。人手不足時代の今はまさに、全社的な課題として、社員一丸となって採用に取り組む必要があります。

ぜひ一度、自社の社員が求職者にどういった対応をしているかを確認し、どうすれば好印象を与えられるかを、会社全体の検討事項としてテーブルにあげてみてください。

事前イメージとのギャップをなくす

採用面接の目的は、採用基準を満たす人材に自社への入社を決意してもらい、入社後に活躍してもらうことです。

スムーズに働き出してもらうために重要なことは、**入社前に抱く職場環境のイメージと入社後の現実とのギャップを限りなく小さくすること**です。

選考には段階があり、選考フローの中で、求職者に徐々に自社への志望度を高めてもらう必要があります。

初回の会社説明会や一次面接のタイミングでは、まだ自社への熱が低い状態にあるので、実態を生々しく伝えてしまうと、それをきっかけに次の選考に進んでもらえない可能性があります。

そのため、自社への熱が高まってきたと判断したら、「残業は少なくないけれど、大丈夫ですか」「数字にはシビアな会社ですけど、耐えられますか？」といった質問をしながら自社の実態を伝え、それに同意させるというやり取りが必要です。

こうしたやり取りを行なうことによって、「いいことばかり聞かされたのに、実態は……」というギャップに悩むことなく、スムーズに会社になじもうとしてくれるようになります。

#02

辞退を防ぐ内定連絡の極意

面接終了からの経過時間

優秀な人材であればあるほど、自社だけでなく、並行して他社の選考を受けていることが多いものです。複数社から内定をもらう場合、最初に内定を出した企業に決定する人が多く、スピード勝負であることを忘れてはいけません。

そして、内定の連絡は「最終面接後3日以内に電話で連絡が入るもの」という情報がWeb上では当たり前のように語られています。このことからも、あまり時間を空けてしまうとマイナスに働くことが多く、注意が必要です。

モチベーションを上げる言葉の添え方

新しい職場、会社に対しては、誰もが期待以上に不安を抱いているものです。そんな不安を少しでも和らげ、初出勤日を迎えてもらうためのフォローも大切な採用活動のひとつです。

たとえば、採用通知連絡の際、「○○さんが入社してくれるということで、うちの課長がものすごく喜んで、『歓迎会のお店どこにしよう』なんて盛り上がっていましたよ」といった言葉を添えるだけで、自分を迎え入れようとしてくれていることが伝わるため、初出勤までの不安が大きく緩和されます。

これは内定辞退の防止にも非常に有効な手段ですので、初出勤日から逆算して、各フェーズでそれにふさわしい対応を取ってみてください。

#03

不採用を知らせる時の注意点

〝サイレントお祈り〟は厳禁！

「不採用の場合には連絡しない」対応のことを、最近の学生は〝サイレントお祈り〟と呼んでいます。そもそも、不採用通知のメールに「〇〇様にとってよいご縁がありますよう、お祈り申し上げます」というフレーズが多用されていたことから、〝お祈りメール〟という就活用語が生まれました。そこから転じて、採用可否の連絡をしないことを「サイレントお祈り」と言うようになったのです。

採用活動に時間を割いているのは企業だけでなく、求職者も同じです。最終的に入社に至っても至らなくても、その事実は変わりません。

自社に興味を持ち、選考に進んでくれた求職者に対し、誠意をもって対応するか否かに、その企業の品格が現われます。不採用になった求職者からも「いい会社だった」と思ってもらえるような終わり方をすることは非常に重要です。

不採用でも会社やお店のファンでいてもらうコツ

特にBtoCの職種で顕著ですが、不採用になった求職者も、自社商品の顧客になる可能性があるということを忘れてはなりません。

採用という縁はなかったものの、「この会社のことは好きだ」「今後もこの会社の製品を買おう」「この会社のサービスを受けたい」と思ってもらうために、不採用時の伝え方には細心の注意を払う必要があります。

「採用の場合のみ連絡」ではなく、不採用となった求職者にも必ず連絡を入れます。その連絡はなるべく電話で、くれぐれも人格を否定された気持ちにならないよう、「あくまでも自社と縁がなかっただけで、こちらも採用に至らず残念である」ということが感じられるトーンで不採用の旨を伝える工夫をしたいところです。

万一、電話連絡が難しく、メールでの連絡になる場合は、トーンが伝わらないだけに、言葉の選択1つひとつに注意を払った対応が必要となります。

#04

就労開始に向けた業務連絡のポイント

誰もが新しい仕事、新しい職場での初日を迎えるまでは、不安なものです。採用決定から就労開始までに時間が空く場合は、当日まで何のやり取りもなし、というようなことにならぬよう、意識的にこまめに連絡を入れるなどの配慮が重要となります。

新環境へのモチベーションを保つ上で最も重要な変数となるのは、**接触頻度**です。**何を話すか、どのように話すか以上に、何回話すかが重要**です。

連絡手段は、電話でもメールでもラインでもかまいません。業務開始までに必要な確認事項などを高い頻度でやり取りします。入社後の歓迎会の日取りなどのやり取りなどを加えると、新たな環境への不安が和らぎ、スムーズに入社当日を迎えられるようになります。

採用活動とは入社し、活躍してもらうところまでを指す業務です。最後の最後まで、求職者目線で、採用の精度を高める意識をもって取り組んでください。

Column

ポテンシャルワーカーの活用

外国人労働者数100万人突破

～外国人が魅力を感じる国を創れるか

少子高齢化、人口減少時代にある日本では、外国人労働者の活躍による深刻な人手不足の解決が期待されています。

日本の外国人労働者数は、厚生労働省「外国人雇用状況」の届出状況によると、調査開始以来右肩上がりで増え続け、2016年にはじめて100万人を突破しました。今後も政策的・戦略的に、外国人労働者を増やすための施策は講じられる方向にあり、いかにしてその外国人労働者を戦力化できるかがポイントになります。

日本における外国人労働者の属性は、国籍別にみると、中国が最も多く32万人を超え、外国人労働者全体の35・5%を占めています。次いでベトナムが11万人、フィリピンが10・6万人、ブラジル9・6万人と続きます。

日本で働く外国人労働者

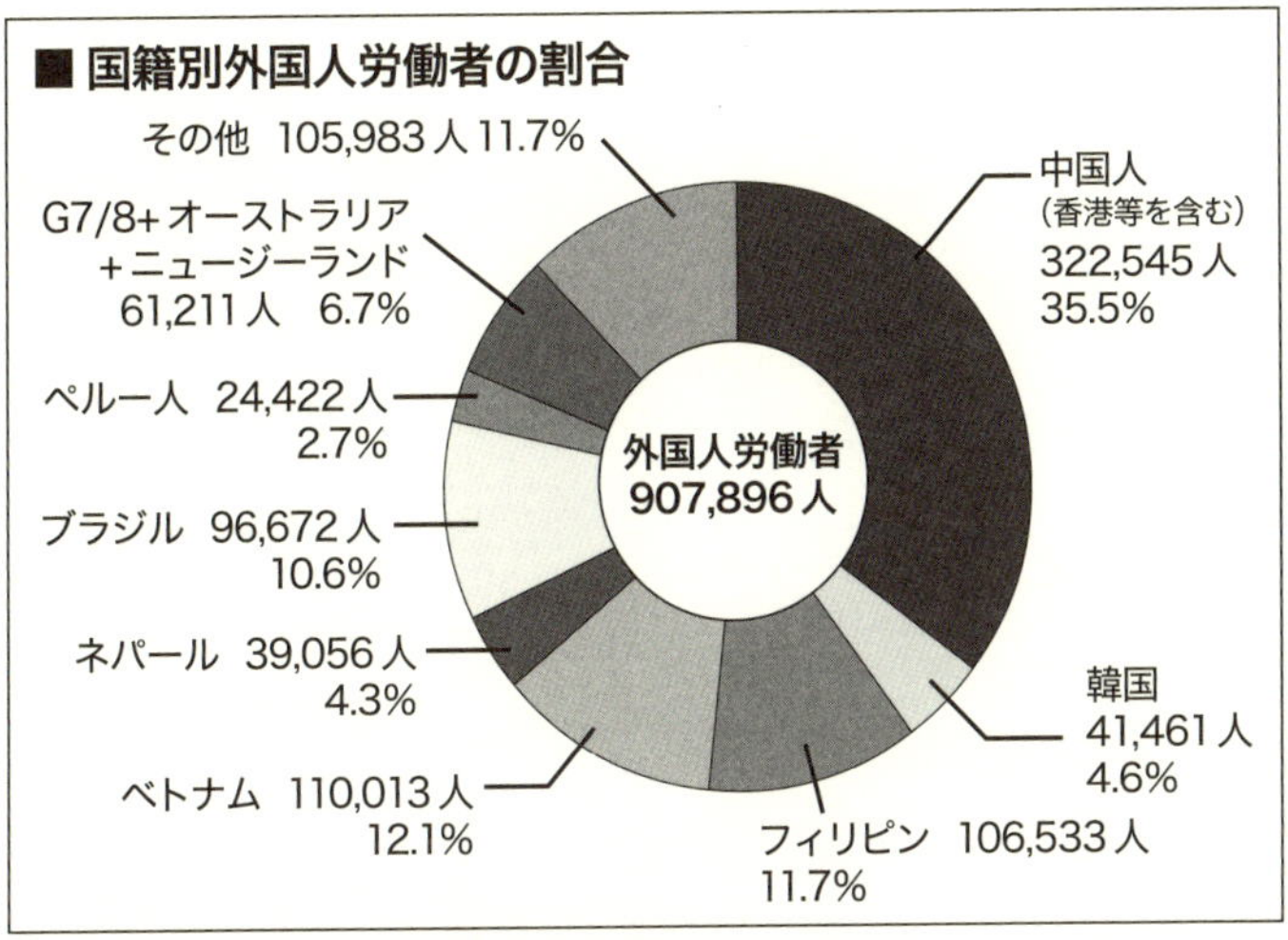

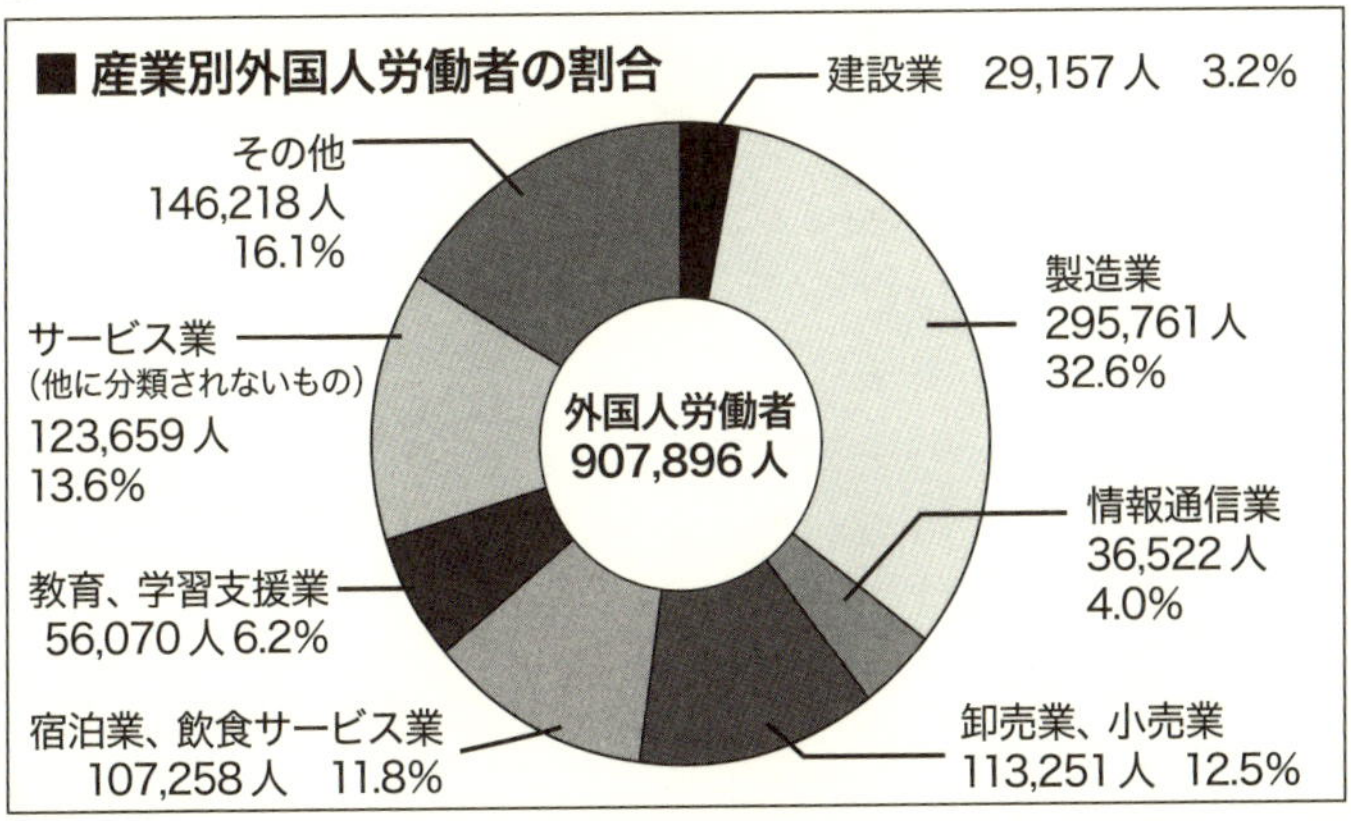

出典：厚生労働省「外国人雇用状況」の届出状況まとめより

近年は特に、ベトナムやネパールをはじめとする東南アジア諸国の人材の増加が目立ち、今後もさらなる労働者の流入が見込まれています。

産業別にみると、「製造業」が32・6％を占めて最も多く、次いで「サービス業（他に分類されないもの）」が13・6％、「卸売業、小売業」が12・5％、「宿泊業、飲食サービス業」が11・8％、「教育、学習支援業」が6・2％と続いています。

これまでは、語学の壁もあり、単純労働系の仕事が大半を占めていました。

しかし、今後は、AIの進化による同時翻訳機能の高精度化なども見込まれ、日本語の語学力を問わず、スキルのある人材をいかに他国ではなく、日本に連れて来られるかが重要なポイントになりそうです。

エンジニアをはじめとしたハイスキル層の人材においては、すでに世界中で争奪戦がはじまっています。

その際にもIndeedが大きな役割を担っており、英語圏の国々では言語の壁がないため、自国と他国の求人案件を見比べて、仕事を選択する求職者も当たり前のように存在しはじめています。

先に言及したように、AIによって、言語の壁がなくなる可能性が高まってきています。

Google社では2016年11月より「Neural Machine Translation」という新システムを導入しています。システム名に「ニューラル」とついている通り、この新システムでは「ディープラーニング」が用いられており、その翻訳精度は飛躍的に向上しています。

ディープラーニングとは、十分なデータ量を与えれば、人間の力なしに、機械が自動的にデータから特徴を抽出するといった学習のことを指します。これらは、人間や動物の脳神経回路をモデルとしたアルゴリズムを多層構造化したもので、それにより昨今のAI技術が飛躍的に進歩するようになりました。

言語の壁がなくなるこれからの時代において、私たちはいかに優秀な外国人求職者に日本で働きたいと思ってもらえるかだけでなく、いかに日本の優秀な人材の海外流出を防止できるかも同時に考えなければなりません。

ＡＩの進化と外国人労働者は密接にかかわっています。それぞれの状況変化を常に注視しながら、採用環境の適正化に努める必要があります。

6章

驚愕！ 業種別 ダイレクト・リクルーティング 成功事例

#01

業務委託型の在宅ワーカーを募集。主婦の応募が殺到した事例

株式会社船井総合研究所

①企業概要

船井総合研究所は１９７０年創業の経営コンサルティング会社で、経営コンサルティング事業の他、業種やテーマ別の会員制勉強会（経営研究会）やセミナー事業を中心に行なっています。

②クライアントの採用コンサルティングに欠かせない、求人サイトの作成を提案

業績アップの提案を実施する上で、人材確保は欠かせない状況です。特に昨今は有効求人倍率1を超える人材不足に陥っていることから、職安や紹介、求人媒体の出稿などといった一般的な採用手法では十分な確保ができず、Ｉｎｄｅｅｄ用の自社採用サイトを制作し、応募者を増やす提案をしています。

多数のサイトを制作する必要があるため、クライアントから受領した求人情報を整

船井総合研究所の採用サイト

理してライティングからＷｅｂ制作までを担当する人材を募集しました。直接雇用ではなく、業務委託契約で、主に在宅で仕事をしてもらう形にしました。サイト制作ごとに支払う成果報酬で、在宅ワーカー、企業ともにリスクを最小限に抑えています。

③募集開始

在宅ワーク専門の媒体掲載ならびにＩｎｄｅｅｄ用に自社採用サイトを制作し、有料広告も活用して募集を開始しました。掲載初日ですぐに応募が入り、約１週間で合計96名もの応募がありました。

④求めていた人材からの応募が殺到

応募者層の９割以上を占めたのが、子育て等を理由に離職した主婦。求人広告執筆経験者や有名企業総合職などのキャリアを持つ人など、優秀な人材からの応募も多くありました。今回の募集が在宅ワークとなるため、対面の面接だけではなく、一部の応募者にはスカイプを活用したオンライン面接も実施し、募集開始からわずか１ヶ月程度で、最終的に15人の人材に業務を委託することができました。

応募人数　**96**名

採用人数　**15**人

求人コスト　**1**万**6,000**円

1人当たり応募単価　**167**円

#02

採用激戦区名古屋でも電気工事士の応募コストが1／18！

株式会社オノテック

①企業概要

株式会社オノテックは、名古屋で電気工事業を営む会社です。戸建に特化した電気工事を展開し、この分野において東海地区で大きなシェアを誇っています。また、戸建に特化することで独自のノウハウを深め、社員の成長スピードが他社と比較して速いのがオノテックの強みです。

②業績を伸ばすために採用強化

独自のビジネスモデルを持つオノテックの、最大の悩みは人材採用でした。売上が上がる仕組みはあっても、採用難でその仕組みを最大限に活用することが難しくなっていたのです。オノテックの所在地である名古屋は採用激戦区であり、電気工事士の採用ともなれば、求人広告をいくら出しても、応募者は数えるほどしか集まりません

ダイレクト・リクルーティング用に新たに立ち上げた採用サイト

オフィスではなく、焼肉を食べながらのカジュアルな面談

でした。それまでの応募単価は35万円。閲覧単価（1アクセスにかかるコスト）は1700円を超えており、この手法が限界を迎えていることを感じた社長が、抜本的な採用改革に乗り出しました。

③募集開始！

ダイレクト・リクルーティングの最大チャネルであるIndeedを活用するためにWebサイトを新たに制作し、有料広告も活用して募集を開始しました。応募開始後、徐々に成果が出はじめます。最後に使用した採用媒体では、70万円の費用をかけて応募者はわずかに2名だったのが、Indeedでは同じ金額で39名の応募者が来ました。つまり、応募効率は19・5倍に高まったのです。名古屋は求人数が多い激戦区なので、クリック単価は他の地域と比較して高くなってしまうのですが、採用サイトで自社独自の強みを徹底して打ち出した結果、標準より1・6倍高い応募率となり、採用を効率化することができました。

応募人数　39名

採用人数　9人

求人コスト　73万7,236円

1人当たり応募単価　1万8,903円

④もう出店戦略に迷いなし！　人に悩まず業績を上げる

採用サイトを構築したことで、入社した社員の退職率が激減したのも特筆すべき点です。退職率2ケタが当たり前だったのが、ダイレクト・リクルーティングを開始した初年度に1ケタまで減らすことができました。これまで採用難によって出店を躊躇していましたが、この年にはじめて新拠点をオープンすることができました。今後も毎年120％以上の成長を見込み、さらに人材獲得のボリュームと精度を高めていきます。

#03

採用広告費約1億円の削減に成功！

穂高株式会社（ポニークリーニング）

①企業概要

穂高株式会社は関東を中心に「ポニークリーニング」を展開する企業です。ポニークリーニングは業界トップクラスの規模を誇るだけでなく、ヒノキの香りがするワイシャツ加工で特許を取得するなど、「技術のポニー」として業界内でも独自のポジションを確立しています。半世紀以上前からファッションに関連する多岐にわたる事業を展開してきました。近年では新たな取り組みとして保管・宅配サービスを展開するなど、常に時代のニーズをくみ取り、挑戦し続けている〝新しい老舗〟です。

②広告費削減のためＩｎｄｅｅｄ採用に舵を切る

クリーニング業界で独自の存在感を示してきたポニークリーニングですが、人材開発に関しても特筆すべき点があります。それが、女性活用・主婦活用です。女性の社

ポニークリーニングの企業内託児所

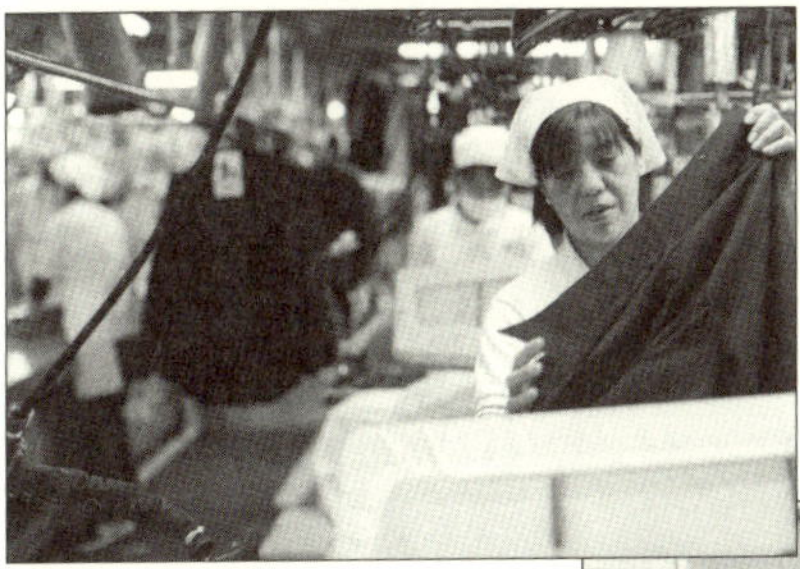

会進出を応援する声は今でこそ高まりましたが、ポニークリーニングはいち早く工場隣接型の企業内託児所を整備したり、主婦の正社員登用を推進したりしてきました。今では首都圏全16工場に託児所を完備し、主婦のワークライフバランスを考慮した環境整備に取り組んでいます。しかし、そのような取り組みをもってしても、採用難と媒体費高騰の波に徐々に浸食され、2016年には採用広告費用が歴代最高額に達してしまいました。そこで、応募者増、採用コストダウンが見込めるIndeed採用に舵を切ったのです。

③募集開始！

募集開始後、すぐに反応が出て、次々に応募が入りました。ポニークリーニングは700店舗以上を持つため、オーガニック広告の面を確保するだけでとても大きな効果を発揮しました。効果が出ることがわかったので、いかに有効活用するかを考えた結果、喫緊の課題である正社員採用を優先して実行していきました。スーパーバイザー職や工場の生産管理の正社員を募集したところ、従来と比較して応募者は3倍、応募コストは1／3へと非常に効率が高まりました。

正社員がある程度充足したところで、次はショップスタッフの募集に注力します。ショップスタッフの募集ではシングルマザーを採用ターゲットに定めるとともに、彼女たちが安心して子育てができるようにしっかりとした給与を与えられるようなオーナー店長の仕組みを整備しました。結果、それまでにない人数の応募が殺到し、オーナー店長候補と連日の面談が続いています。また、オーナー店長の条件を満たすことが難しい場合は、パート・アルバイトとして働いてもらうことで、採用広告の費用対効果を高めています。

④今後も女性の社会進出を一番応援するクリーニング会社に

Ｉｎｄｅｅｄを活用することで、最終的には約1億円のコストダウンと、１４０％増の応募者を募ることができました。人材難は今後さらに進む見通しですが、女性の社会進出を一番に考えるクリーニング会社として企業努力を続けています。

#04

急増していたアルバイトの求人費が半分以下に！ 採用数は3倍へ！

株式会社めいじん

①企業概要

株式会社めいじんは、大分県内を中心に居酒屋や寿司店などの飲食店約50店舗を展開する、地域を支える人気店です。代表店舗である「寿司めいじん」はテレビや雑誌等でも多数取り上げられ、飲食ローカルチェーンとして、九州エリアではトップクラスの知名度を誇っています。

②急激に上がる求人費……人手不足の時代でも、効果的な採用をしたい！

大分県内でのブランド力はもちろん、めいじんは高い商品力や店舗展開力を持っています。しかし、店舗人員の９割を占めるパート・アルバイトスタッフを採用し切れない店舗が続出。わずか1、２年の間に、それまでほとんど気にすることがなかった求人費は全店合計で月間３００万円以上にも膨れ上がっていました。

若いスタッフがいきいきと働いている

急速に上がってゆく求人費をなんとかしなければと、身をもって感じていた中で、「求人会社に頼っていてはダメ、今までの採用を抜本的に変えなければ……」、そんな危機感を抱き、新しい採用の取り組みをスタートさせました。

③自社採用サイトでの採用に着手 ――Ｉｎｄｅｅｄとの出会い

Ｉｎｄｅｅｄに適した自社採用サイトを制作し、店舗スタッフの採用を始めたところ、すぐに反響が出ました。最初の1ヶ月間で１００名ほどの応募があり、そのうち約30名が採用に至りました。採用数が劇的に増えたのを機に、パート・アルバイトの採用についても、面接のアポ取りまでは本部で対応する形に変えました。各店舗が担当していた採用業務が減り、店舗が店の営業に集中できるようになったことも、大きなプラス効果となりました。

④採用数は3倍へ、年間で1000万~2000万円の求人費削減！

結果として、採用数は全店合計で3倍強になりました。求人費は従来の半分以下に抑えられ、１０００万～２０００万円の利益創出に直結しました。求人会社や求人媒

応募人数	70～100名／月
採用人数	20～30人／月
求人コスト	30～50万円／月
1人当たり応募単価	3,000～4,000円

体に頼らず、自社採用サイト経由で入社したパート・アルバイトは、会社やお店の魅力を感じ取り、応募にいたった方々なので、総じて定着率が高くなります。飲食店における人材マネジメントの大きな課題は、スタッフを採用できるかどうかよりも、採用後に長く仕事を続けてもらえるかどうかです。自社採用サイトを活用したＩｎｄｅｅｄでの採用活動は、多大な好影響を与えています。

#05

多店舗展開する事務所で、若い世代の営業事務応募が殺到

行政書士法人きずなグループ

①企業概要

きずなグループは創業昭和24年、日本全国でみても歴史ある行政書士法人です。神戸を拠点に関西、関東エリアに事務所を有し、グループ全体の従業員数280名を超える規模となっています（2017年11月現在）。主に自動車業界の販売から納車に至るまでのさまざまな登録・申請業務に特化したサービスを提供しています。

②求人専門サイトの作成へ

近年では自動車登録関係手続きで月間3～4万件という業界トップクラスの実績を持ち、さらなる事業拡大に伴い、人材確保が急務でした。これまではハローワークや媒体会社等を活用してきましたが、応募者数や費用対効果の観点から、新たにIndeedを活用することに決め、求人専門サイトを制作しました。

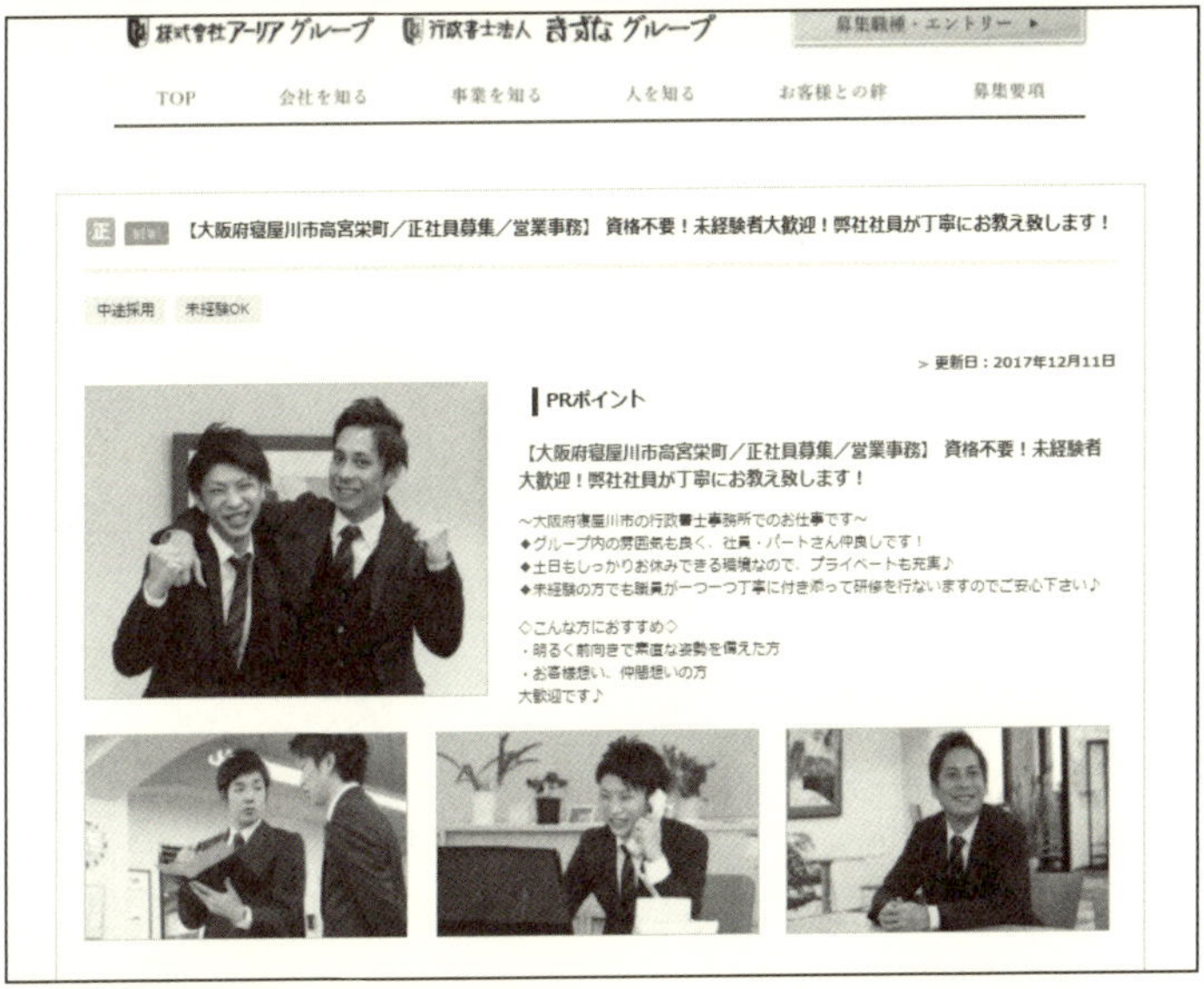

行政書士法人きずなグループの採用サイト

これまでは求人情報に変更が生じても、すぐにホームページを修正できない状況でしたが、今回の制作に伴い自社スタッフでも更新できるようになり、フレキシブルに求人情報の修正・発信をしています。

③募集開始

募集には主にＩｎｄｅｅｄを活用し、有料広告も実施しました。営業事務の正社員、パートの募集を掲載したところ、掲載1ヶ月で57名もの応募がありました。

④若い世代からの応募が殺到

今回の募集では、特に若い世代からの応募が目立ちました。平均年齢29歳、かつ女性からの応募が多くありました。中には、行政書士の資格を所有する方もいました。多くの人材の中から書類選考や面接を実施することができ、正社員、パートそれぞれ1名ずつの採用に至りました。

現在では、他の職種も掲載し、多くの応募を獲得している状況です。

応募人数　**57**名

採用人数　**2**人

求人コスト　**3**万**8,526**円

1人当たり応募単価　**676**円

#06

採用人数1名の広報職に経験者が殺到！

丸の内ソレイユ法律事務所

①企業概要

丸の内ソレイユ法律事務所は弁護士15名が在籍し、特に離婚事件の取り扱い件数は日本トップクラスの法律事務所です。代表の中里妃沙子弁護士は、テレビや雑誌等でも多数取り上げられ、予約の取れない弁護士として有名です。

②チャレンジ精神旺盛で行動力のある方求む！

テレビ出演、書籍の出版、各種メディアでの執筆活動など幅広い活動実績を活かし、よりブランド力を高めるために広報専任者の採用に取り組みました。

平成21年に事務所開設以来、常にさまざまなことにチャレンジし、急成長を遂げた事務所です。このため、広報としての経験よりも、新しいことにチャレンジする姿勢や失敗を恐れない積極的な行動力のある人材を求めました。

丸の内ソレイユ法律事務所の Web サイト

モダンな事務所内装も人気

③募集開始！

Ｉｎｄｅｅｄ用に自社採用サイトを制作し、募集を開始しました。募集開始後すぐに人が集まり、約１ヶ月で57名の応募がありました。

法律事務所という特殊な業界であることや、一般的な企業に比べると規模が小さいことから、経験者は集まらないのではないかと想定していましたが、実際には、有名企業の広報経験者、超大手広告代理店の役職者、広報関係のコンサルティング会社の経験者など、経験豊富な人材が集まりました。

④まさに求めていた人材との出会い

最終的には、出版社勤務のライティング力に秀でた人材と、金融機関の営業職でトップクラスの実績を持つ人材とが残りました。「チャレンジ精神と積極的な行動力」という、求める人材像から考えると、面接中から自分のアイデアをぶつけてくれた金融機関の方が適任でした。その方に内定を出し、数ヶ月後に入社してもらいました。現在もチャレンジ精神と行動力でさまざまなプロジェクトを進め、事務所のブランド力向上に尽力しています。

応募人数	57名
採用人数	1人
求人コスト	15万2,502円
1人当たり応募単価	2,675円

#07

年間100名以上の応募が集まる社会福祉法人

社会福祉法人幸知会

①企業概要

社会福祉法人幸知会は、栃木県河内郡上三川町で特別養護老人ホームやショートステイ、デイサービスなど10以上の事業を展開する社会福祉法人です。

施設の利用者が健康で毎日を楽しく過ごせるような、ユニークな取り組みもされており、ニュース番組など多数のメディアに取り上げられています。

②応募単価が高い介護人材業界

幸知会では、介護の現場スタッフの採用活動は、大手求人媒体や求人ポータルサイトなどを活用して積極的に行なってはいたものの、応募数は半年間で30名という状況でした。また、1人当たりの応募単価は2・7万円と高く、求人広告費にも問題を抱えていました。

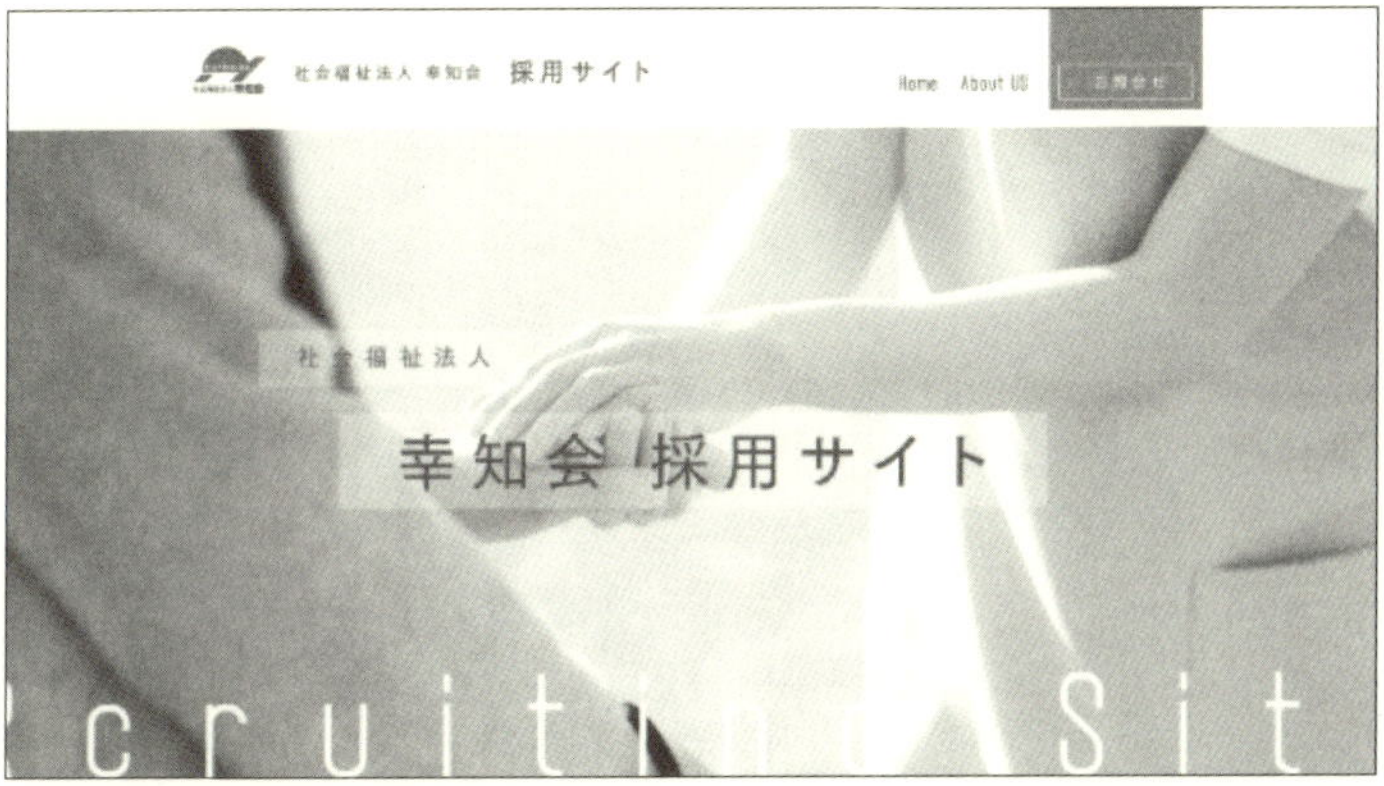

幸知会の採用サイト

利用者が過ごしやすく、スタッフが働きやすい施設

Ｉｎｄｅｅｄと自社採用サイトを活用して人材募集を行なう手法をお伝えし、約１ヶ月のサイト制作期間を経て、募集開始となりました。サイト制作期間に、求人原稿の作成方法などの研修も行ない、スタートダッシュを切れる体制を整えました。

③広告費１／２、応募数１・５倍！

募集開始から半年が経過した時点で、広告費は従来の約半分の40万円、応募人数は１・５倍の45人、１人当たりの応募単価は１万円を切るという好結果が出ました。求人原稿の作り込みをしたのはもちろん、もともと労働条件が整っていたことから、募集開始から１年間で１００名以上の応募がありました。人手不足に悩む介護人材業界にあって、幸知会は今では「選んでから、採用できる」法人になっています。

④新しい施設も続々オープン！

平成28年、29年と立て続けに新しい施設をオープンしてきた幸知会。同じ手法で採用を進め、現場が人手不足に陥ることなく、順調に運営しています。

応募人数（年間）　**108**名

求人コスト　**86**万**6,738**円

1人当たり応募単価　**8,025**円

#08

掲載まもなく、即応募！　即採用！

ピー・シー・エス株式会社

①企業概要

ピー・シー・エス株式会社は神奈川県相模原市に本社を置く、中古フォークリフトの販売やレンタル、買取や修理を手掛ける企業です。Webを中心とした販促で業績を拡大。取扱い車種の豊富さ、常備在庫の数が日本トップクラスであることに加え、整備の技術や丁寧な対応で多くのお客様から支持されています。社員を人材として大切にし、同業種だけでなく他業種からの転職者が多数在籍しているのも特徴です。

②採用難易度の高い整備士がダイレクト・リクルーティングなら集まる

業績が拡大したことで、人員補充が急務となりました。以前、自社ホームページで採用を進めたものの思うように応募が集まらず、Ｉｎｄｅｅｄによる募集を実施。従来の求人媒体より圧倒的に広告費が安価だったこと、募集ごとに露出量を自由に調整

本社メンバーと整備士メンバー

神奈川営業所の皆様

できることが決め手になりました。

③募集開始！

Ｉｎｄｅｅｄ用に自社採用サイトを制作し、有料広告を活用して募集を開始しました。開始後すぐにさばききれないほどの応募が殺到し、応募期間約1ヶ月でＷｅｂ担当者と整備士の採用が決まりました。募集前は、国家資格が必要な整備士の採用は非常に難易度が高く、ある程度中長期の展開を想定していましたが、即効果が出ました。しかも最初の人材は同業種の経験者と、まさに求めていた人材だったのです。

④高いスキルを持つ人材がたくさん応募してくる！

整備士の募集はもちろんのこと、Ｗｅｂ担当者も採用でき、さらに、各事務所の事務員もＩｎｄｅｅｄ経由で募集・採用を行なっています。簿記の資格を持った人の応募も数多くあり、最近では2週間で15名の応募がありました。広告費はわずか1万円前後です。さらに地方拠点での整備士の応募・採用にも成功しています。

現在も人員計画に合わせた予算組みや求人内容の工夫を施しながら、集まりにくい

応募人数（5ヶ月）	**33名**
採用人数	**3人**
求人コスト（5ヶ月）	**23万6,686円**
1人当たり応募単価	**7,172円**

職種でも集められるよう、採用活動を進めています。

#09

企業立ち上げのサポートメンバーを募集。1ヶ月で大量応募！

株式会社パノプト

①企業概要

2014年創業の株式会社パノプトは、運用広告に特化したデジタルマーケティング事業を手掛ける企業です。今後はインターネット広告事業だけでなく、Webメディアや Eコマースなど新たなWebサービスの展開、さらには海外市場にも進出していきたいと、事業の拡大を考えています。

②Indeedを活用している人材なら自社とマッチする！

Indeedを用いたダイレクト・リクルーティングの実施を決めた頃、Indeedの知名度はまだ高くありませんでした。そのため、今、Indeedを使いこなしている人材であれば、Webのリテラシーやスキルが、自社の求める基準を満たしているのではないかと考え、実施を決めたという経緯がありました。

パノプトのWebサイト

パノプトの採用サイト

Ｉｎｄｅｅｄを用いたダイレクト・リクルーティングなら初期費用が掛からず、媒体費だけではじめられるのも魅力でした。

③募集開始！

自社採用サイトを制作し、Ｉｎｄｅｅｄを活用して募集を開始すると、1ヶ月で16件の応募を獲得。Ｗｅｂマーケティング担当がどんどんエントリーするという即効性の高さに驚きました。掲載後1週間で応募が集まりはじめ、1ヶ月で10件超に。スキルにはばらつきがあったものの、想定以上の応募はうれしい誤算でした。

④安価に大量に応募が獲得できた！

東京の東銀座での募集のため、競合となる求人も多数あった中で、自社に応募してくれた方に感謝するとともに、この短期間で大量にエントリーがあったことでＩｎｄｅｅｄの有効性を実感しました。

初回ということで、少額の予算で試してみましたが、費用対効果は抜群で、従来の求人手法以外の選択肢を持てたことが大きな収穫になりました。

応募人数（1ヶ月）　**16名**

求人コスト（1ヶ月）　**1万9,149円**

1人当たり応募単価　**1,196円**

＃10

保育士が毎月2000人以上エントリー！

株式会社アスカ

①企業概要

株式会社アスカは全国13拠点、従業員約150名が在籍する、保育士に特化した人材サービスを展開する会社です。

②「踊り場」を突破した求職者への初期対応の徹底

人材ビジネスの観点からみると、保育マーケットは深刻な人手不足であるとともに、競合プレイヤーが毎年増加している、いわゆるレッドオーシャン・マーケットです。そうした市場性もあいまって、成長率が緩やかに鈍化しはじめた頃、代表の柘植航社長が中心となり、事業の抜本的改革に着手しました。

人材派遣業の場合、売上が立つまでのプロセスは左ページのようになります。

このうち特に重要となる変数が、エントリーという最も大きな〝母数〟に掛け合わされる「面談設定率」と、Ｗｅｂからリアルの接点へと変わる「面談実施率」の２つです。改革実施前は、この重要な２つの変数が低い状態でしたが、改革実施後、面談設定率が99・９％、面談実施率が88・９％と驚異的な改善がなされました。

その結果、業界トップクラスのプロセス変数となり、ここ数年、毎年１２０〜１３０％の成長を遂げています。

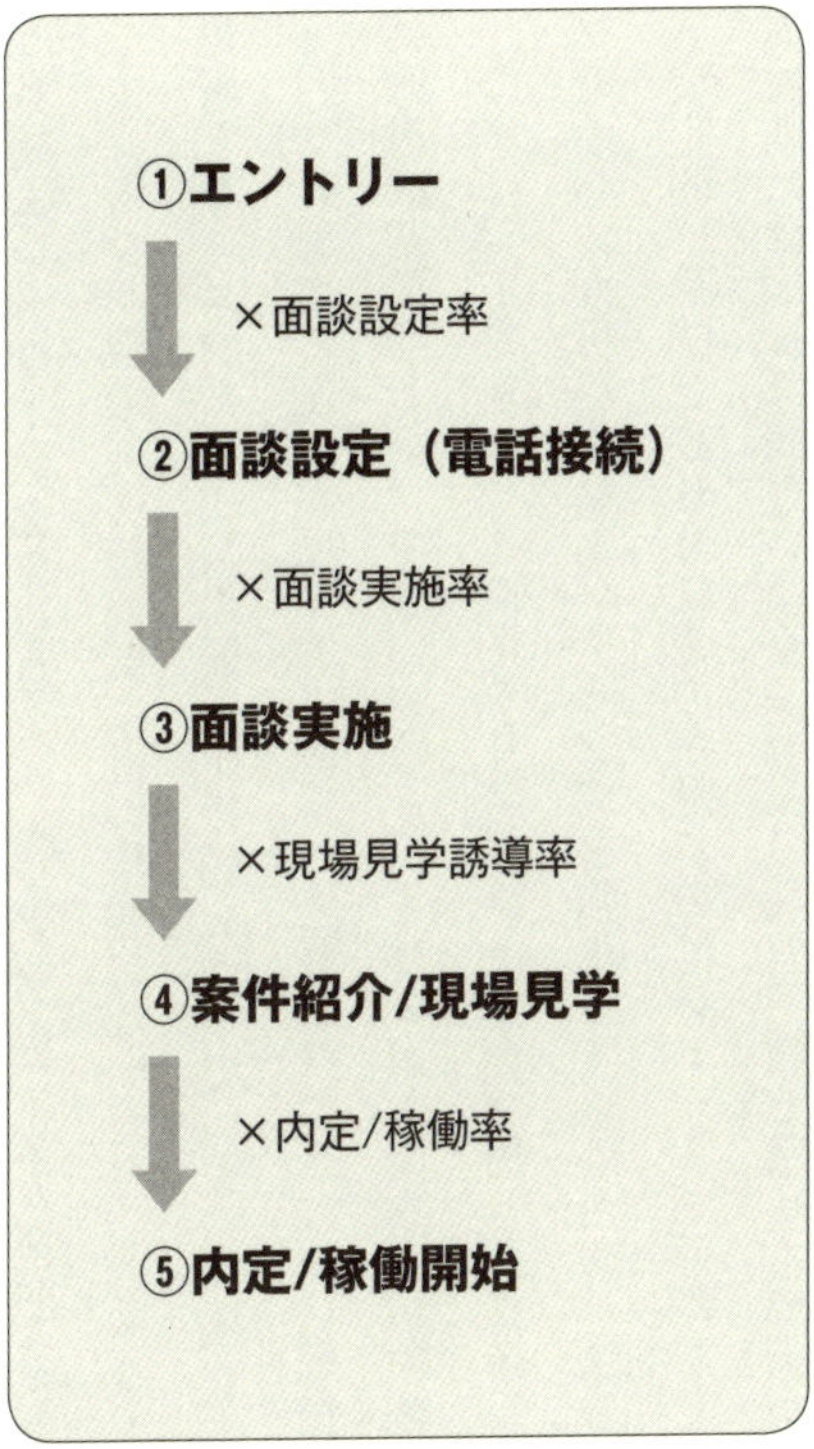

③月間エントリー数2200人　～リアルフェーズが盤石だからできること

エントリー後の対応が完璧に近い状態になった今、心置きなくアクセルを踏んで、母数となるエントリー数の最大化に舵を切っています。保育士は他の職種と異なり、4月に転職する割合が圧倒的に高く、人材会社にとっての繁忙期は1～4月。それ以外の月は閑散期といってもいいほど、4月に大きな数字が動きます。

今年は、Ｉｎｄｅｅｄやキャリアジェットを活用したダイレクト・リクルーティングを中心に人材募集マーケティングを強化しているため、閑散期（1～4月以外）でも安定的に月間２０００ほどの求職者のエントリーを獲得しています。２０１８年の繁忙期には、ほぼ間違いなく、過去最高の実績を残せる準備が整っており、執筆している今（２０１７年10月）から結果を聞くことが楽しみでなりません。

人材会社の場合は、エントリー数の拡大はもちろんのこと、その後のリアルフェーズのプロセス変数をしっかり改善できれば、こうした高い数字を残すことができるようになります。

応募人数　**2,196**名

求人コスト　**550**万**8,872**円

1人当たり応募単価　**2,508**円

#11

三重県という小商圏で小さな会社が作ったスゴい事例！

グリーンストック株式会社

①企業概要

三重県津市という小商圏ながら、地域ナンバー1の人材会社になるべく、製造派遣から撤退し、介護人材マーケットに参入。代表の小田隆社長は、「三重県×介護」という自社独自の領域を確立し、参入からわずか2年でトップシェアグループにまで急成長させました。人材事業以外にも、介護施設向けの経営フォーラムの開催、職員向け企業内保育所の開設など、先進的な取り組みを次々と実施。地域密着型人材会社のあるべき姿を体現している、今、注目の企業です。

②従来の手法の限界を感じ、ダイレクト・リクルーティングに舵を切る

小田社長は人材業界での経験が長く、これまで製造派遣やエンジニアの派遣を展開していたこともあり、介護の人材ビジネスに参入した当初は、これまでと同様に紙媒

グリーンストックが運営する「三重介護求人センター」

体やポータルサイトによる採用活動を試みました。しかし結果は厳しく、90万円程度かけて、エントリーは6名ほどでした。

そこで募集手法を、実験的に自社サイトを用いたダイレクト・リクルーティングに変えてみたところ、たった7万円で10名以上のエントリーがありました。

この経験をきっかけに、ダイレクト・リクルーティングへと大きく舵を切り、この4年は、毎月コンスタントに60〜100名程度、介護職の新規エントリーを獲得しています。加えて、エントリー単価は4000〜8000円程度に抑えられており、地域特化の人材会社の中ではトップクラスの成果をあげています。

③Indeed同様に大きな役割を果たすSEO

グリーンストック社では、Indeed広告における工夫と同時に、自社サイトのSEO対策にも独自の手法を用いています。三重県の介護職の求人数ではナンバー1の7000件を超え、数で圧倒するとともに、求人原稿の書き方にも工夫を施し、求職者の利便性を高めつつ、SEOにも大きな効果を与えています。

執筆時点（2017年10月）では、主要キーワードにおけるSEO順位はすべて1

「三重　介護」

Google 1位　　Yahoo 1位

「三重　介護　求人」

Google 1位　　Yahoo 1位

※2017年10月時点

位となっており、SEOに強いIndeedすら上回る順位を獲得しています。

おわりに

少子高齢化に加え、人口減少も手伝って、労働力（生産年齢人口）が下降の一途を辿る中で生じている、昨今の人手不足問題。〝問題〟であることは事実ですが、我々はこの現状をいかにチャンスと捉えられるかが重要であると考えます。

以前、自民党の小泉進次郎衆議院議員が、ある演説の中で次のようなお話をされていました。

「もう人口減少を嘆くのを止めませんか？　人口が減ったって、やっていけるという自信が大切。将来に悲観する1億2000万人の国よりも、将来に自信と楽観を持つ6000万人の国のほうが間違いなく、強い。いつか人口が下げ止まる時がきて、そこから力強い成長がある。人口減少を強みに変えよう」

仮に出生率が現在の1・3程度の数値から、現在の人口が維持できる2・07まで跳ね上がったとしても、日本の人口は少なくとも1億人までは間違いなく減ります。つまり、これから2000万の人口が減少するのです。

減ることがわかっているのであれば、それを嘆くのではなく、減少することは不可避であるという事実を受け止めた上で、どう立ち回ればよい方向へ進むか、何ができるのかを考えることが、これからの我々に求められているのだと思います。

これから先は、人がなるべくやりたくない仕事は、どんどんロボットへと移管される時代です。その中でも、やはり、人が担い続ける、人でなければ対応できない仕事は確実に残ります。

採用は、やり方が9割です。採用条件や求人広告予算よりも、最も影響力の高い変数となるのは〝やり方〟です。ダイレクト・リクルーティング、とりわけファスト・リクルーティングは、これからの採用トレンドの中心を担う手法です。今はまだあまり知られていない採用手法が、数年後には常識と化していることは、ほぼ間違いないでしょう。

そして本書を手に取ってくださった皆様は、これからの新たな採用トレンドの先頭を走ることができる方々であると信じています。

最後になりましたが、本書に事例提供という形でご協力いただきました、日ごろからお世話になっているクライアント企業の皆様、毎度のことながら、本当にありがとうございます。そして、構想開始から予想以上に時間を要してしまった本書をまとめるにあたり、多大なご協力をいただきました同文舘出版の竹並治子さんに、心より御礼申し上げます。

本書が、1社でも多くの企業様の採用課題を解決するための役割の一端を担えたのであれば、著者として、それに勝る喜びはありません。そんな未来を期待しつつ、これからも目の前のお客様への成果貢献に、鋭意努めてまいります。

《事例提供》

株式会社オノテック
代表取締役　小野田博文様

穂高株式会社
次長　小林隆之様

株式会社めいじん
人事部 採用チーム　伊庭春奈様

行政書士法人きずなグループ
代表　森本楽様

弁護士法人
丸の内ソレイユ法律事務所
代表　中里妃沙子様

社会福祉法人幸知会
事務長　角田竜司様

ピー・シー・エス株式会社
代表取締役副社長　永尾政憲様

株式会社パノプト
代表取締役　三輪真揮様

株式会社アスカ
代表取締役社長　栢植航様

グリーンストック株式会社
代表取締役　小田隆様

《サポートスタッフ》

株式会社船井総合研究所
釼持哲史
野口豊

株式会社 HR Force
村田泰子
渥美祐輔
石川徹
吉田裕宣

著者略歴

高山奨史（たかやま しょうじ）

株式会社 HR Force CEO
2005年㈱船井総合研究所に入社し、Webマーケティング事業、ダイレクト・リクルーティング事業、士業向けコンサルティング事業、人材ビジネス事業などさまざまなコンサルティング事業の立ち上げに従事。著書に『図解 よくわかるこれからのWEBマーケティング』『士業の業績革新マニュアル』等がある。

新倉竜也（にいくら たつや）

株式会社 HR Force CMO
㈱船井総合研究所で人材会社や採用に課題を持つ企業へのコンサルティングに従事。2015、16、17年と3年連続で、700名を超えるコンサルタントの中でコンサルティング顧問依頼数No.1のトップコンサルタントとして活躍。同社史上、最速・最年少で上席コンサルタントに認定された。18年1月より事業法人化に伴い、HR Force社にCMOとして参画。

ダイレクト・リクルーティング
—新しい採用の常識

平成30年 1 月17日　初版発行
令和 元 年12月10日　6刷発行

著　者 —— 高山奨史・新倉竜也

発行者 —— 中島治久

発行所 —— 同文舘出版株式会社

東京都千代田区神田神保町1-41　〒101-0051
電話　営業03（3294）1801　編集03（3294）1802
振替 00100-8-42935
http://www.dobunkan.co.jp/

ISBN978-4-495-53791-3
印刷／製本：萩原印刷
Printed in Japan 2018